生声[英語]CD付き
電子書籍版付き
ダウンロード方式で提供

CNNリスニング・ライブラリー
世界のトップ経営者に聞く!
The Voices of World Business Innovators

朝日出版社

● CD収録時間：43分13秒

- 本書の収録コンテンツは月刊英語学習誌『CNN English Express』の記事・音声を再編集したものです。
- 『CNN English Express』についての詳しい情報は下記をご覧ください。
  パソコンから　http://ee.asahipress.com/
  ケータイから　http://asahipress.jp/
- CNNの番組視聴については下記をご覧ください。
  　　　　　　　http://www.jctv.co.jp/cnnj/
- CNNのニュースをネットで読むには下記へアクセスしてください。
  英語サイト　　http://www.cnn.com/
  日本語サイト　http://www.cnn.co.jp/

CNN name, logo and all associated elements TM and © 2012 Cable News Network. A TimeWarner Company. All rights reserved.

はじめに

　本書は、世界最大のニュース専門テレビ局CNNの放送から、著名な経営者たちへのインタビューを10本選りすぐって収録したものです。

　登場するのは、いずれも、その革新的手腕でビジネスシーンに大きな影響を与えている人物です。たとえばジャック・ウェルチ氏は「20世紀最高の経営者」と称されていますし、Twitterの共同創業者たちはまさに現代を代表する起業家といえるでしょう（なお、本書中の肩書はすべてCNN出演時のものです）。

　一方、その豪華な顔ぶれが携わる業種は多様です。マクドナルドやスターバックスのようにわれわれが日常なじみの深い外食産業もあれば、情報産業の覇者・ロイターや世界最大の半導体メーカーであるインテルのように、主に企業相手のビジネスを行っているところもあります。

　したがって、本書では、いろいろな業界を代表する優れた経営者たちの考えに接することができます。付録のCDにはCNNの放送音声がそのままパッケージされていますので、文字どおり「声に触れる」こともできるのです。書かれたものからは伝わらないカリスマたちの息づかいまでもが生の声からは聞き取られ、みなさんは思わず耳を傾けてしまうことでしょう。そういう意味では、これは英語リスニングの最高の素材ともなっています。

　とはいえ、リスニング練習は、あまり内容を理解しない状態で聞き流しても高い効果は望めません。本書は英語トランスクリプト（音声を文字化したもの）に日本語対訳を掲載していますので、適宜それらを参考にしてください。また、詳しい語注も付いていますから、辞書なしで学習ができ、初中級者でも効率よく英語力をアップできます。さらに、巻末の「ボキャブラリー・チェック」にはビジネスに役立つ「本当の現代英語」があふれています。ぜひ活用してみてください。

　最後に、本書収録のコンテンツは月刊英語学習誌『CNN English Express』の記事・音声を再編集したものであることをお知らせしておきます。新鮮なニュースと役立つ学習情報満載の雑誌は、本書と並行してご使用いただいても有益です。

2012年2月
『CNN English Express』編集部

CONTENTS 目次

- はじめに — 03

トム・グローサー [ロイター CEO] — CD Track02-06 — 07
「すべては会話から始まる」

クレイグ・バレット [インテル会長] — CD Track07-11 — 19
「不況は新製品開発で乗り越えろ」

ハワード・シュルツ [スターバックス CEO] — CD Track12-17 — 31
「利益を追求するだけでは成功しない」

カルロス・ゴーン [日産・ルノー CEO] — CD Track18-23 — 45
「リーダーシップは技能として学べ」

ビル・ゲイツ [マイクロソフト会長] — CD Track24-28 — 59
「iPadを超える理想の端末を目指す」

ジム・スキナー [マクドナルド CEO] — CD Track29-33 — 71
「重要なのはお客さまの選択肢」

三木谷浩史 [楽天会長兼社長] — CD Track34-39 — 83
「英語公用語化で日本の未来を変える」

ジャック・ドーシー&ビズ・ストーン [Twitter 共同創業者] — CD Track40-44 — 97
「ユーザーが開発者の想像を超えていく」

ジャック・ウェルチ [GE 元 CEO] — CD Track45-49 — 109
「自信こそがすべてのカギである」

エリック・シュミット [グーグル前 CEO] — CD Track50-54 — 121
「アンドロイドとクラウドで革命を」

- ボキャブラリー・チェック — 132
- 電子書籍版 (PDF) の入手方法 — 143

Tom Glocer
Striving to Be Better

トム・グローサー [ロイターCEO]
すべては会話から始まる

世界で最もよく知られた情報サービス企業のひとつであるロイターをカナダのトムソン・フィナンシャルとの経営統合によって世界最大手に導いた立役者のCEO、トム・グローサー氏。経営者として取引で最も重視していることを聞いた！

【プロフィール】
1959年、ニューヨーク市生まれ。イェール大学ロースクール修了。M&Aを専門とする弁護士として、ニューヨーク、パリ、東京などで活躍した後、1993年、ロイター・アメリカに副社長として入社。ロイター・ラテンアメリカやロイター・アメリカのCEOを務めた後、2001年、ロイターグループのCEOに就任。ロイターの金融情報部門を強化すべくトムソン・フィナンシャルとの経営統合へ導く（インタビュー後、2008年にトムソン・ロイターのCEOに就任し、2011年末に退任）。

写真：ロイター／アフロ

Tom Glocer: Striving to Be Better

Track 02

■すべては会話から始まる

CNN   Reuters is one of the world's best-known information companies, and it's got a merger plan to become No. 1. A multibillion-dollar deal between Reuters and Thomson Financial is expected to close next year. I caught up with CEO Tom Glocer in London, the man credited with turning Reuters around. I began by asking him about making deals.

Glocer   For the first five years at Reuters, I think I kept my powder quite dry, selling and disposing of far more businesses than we actually went to acquire. And this has always been, in my sights—and to some extent in the whole Reuters board's sights—as an incredibly strategic thing to do.

So, like many things in life, it begins with a conversation. It begins with a "I've been thinking that…," or "This may sound crazy to you, but how about we sit down and have a chat?" And, you know, people who know to go…how to go from idea to something concrete—which in the end has got to be the core business skill we all have—make it happen.

---

strive to be:
～であろうと努力する
merger:
合併、合同
multibillion-dollar:
数十億ドルの、数百億ドルの
deal:
取引、契約
be expected to do:
～するはずだ
close:
(取引などが) まとまる、成立する
catch up with:
～に追いつく、～を捕まえる
CEO:
=chief executive officer　最高経営責任者
credit…with doing:
～したのは…の功績だと評価する、～のおかげだと認める
turn…around:
…を再建する、好転させる
make a deal:
取引をする、契約を結ぶ
keep one's powder dry:
用意を怠らない、有事に備える
dispose of:
～を売却する、処分する
far:
はるかに、ずっと

トム・グローサー [ロイター CEO]
「すべては会話から始まる」

CNN ロイターは世界で最もよく知られた情報企業のひとつで、業界1位になるためにこの合併計画を受け入れました。そして来年（2008年）、ロイターとトムソン・フィナンシャルの間で数十億ドルの取引が成立する見込みです。私はCEOのトム・グローサー氏を、ロンドンでつかまえることができました。ロイターを再建したとされている人物です。まず、彼に取引の仕方について聞いてみました。

グローサー ロイターでの最初の5年間、私は、実際にロイターが買収に出た数よりもはるかに多くの数の子会社を売却したり処分したりして、いよいよという時に備えていたつもりです。そしてこれは常に、私の見方では——また、ある程度はロイターの経営陣全体の見方でもあるのですが——信じられないほど戦略的に行われたことなのです。

　そして、人生における多くの事柄と同様、すべては会話から始まります。「私はこう考えているのですが……」とか、「これは途方もない話に聞こえるかもしれませんが、腰を落ちつけて話し合ってみませんか」といったことから始まるのです。すると、ほら、分かっている人はね……いかにしてアイデアを具体的なものにしていくかを分かっている人は——これは結局、私たち誰もが持っている中心的なビジネススキルであるべきなのですが——それを実現するのです。

---

business: 会社	**board:** 役員会、取締役会	**have a chat:** おしゃべりをする、話をする
actually: 実際に、本当に	**incredibly:** 信じられないほど、ものすごく	**concrete:** 具体的な、現実的な
acquire: 〜を取得する、買収する	**strategic:** 戦略的な	**in the end:** 結局は、最終的には
in someone's sight: 〜の見るところでは	**sound:** 〜に聞こえる、〜だと思える	**make...happen:** …を引き起こす、実現させる
to some extent: ある程度までは、いくらかは	**sit down and do:** 腰を落ち着けて〜する	

世界のトップ経営者に聞く！

 Track 03

Tom Glocer: Striving to Be Better

■顧客の話に耳を傾けることが重要

CNN What do you think you've learned along the way about being a manager?

Glocer The need to be agile enough and, above all, to listen to your customers, because they will tell you what you're doing wrong or what the opportunity is. But people get so caught up in the brilliance of their own strategic plan and the momentum of the direction they're moving that often they're...they're just sort of dumb to...to that new information.

along the way: その途中で、ここに至るまでに **manager:** 経営者 **need:** 必要、必要性	**agile:** 機敏な、素早い **above all:** 何よりも、とりわけ **customer:** 顧客、取引先	**wrong:** 間違って、誤って **opportunity:** 機会、チャンス

トム・グローサー [ロイター CEO]
「すべては会話から始まる」

CNN　経営者として、この間に学んだことは何だと思いますか。

グローサー　十分に機敏でなければなりませんが、何よりも顧客の話に耳を傾ける必要があります。なぜなら、彼らは私たちがしていることで何が間違っていて、どこにチャンスがあるのかを教えてくれるからです。しかし、人は自分たちの戦略計画の素晴らしさや、現在向かっている方向への勢いにとらわれすぎて、往々にして、そういう新しい情報に対して鈍くなっているのです。

| get caught up in:
〜に捕われる、〜に夢中になる
brilliance:
輝かしさ、立派さ | momentum:
勢い、推進力
direction:
方向、方角 | sort of:
多少、いくぶん
dumb:
のろまな、頭の鈍い |

 Track 04

Tom Glocer: Striving to Be Better

■部下に求めるのは戦略性と分析力、そしてリスクを恐れぬ実行力

CNN   What do you look for in your key lieutenants?

Glocer   The ability to lead, really interesting strategic thought, certainly a soft touch with people, and the ability to identify talent. And then finally, and probably the most important and in many ways the most difficult skill, which is: Do you have the ability and the discipline and the patience to really do the tough analytical work but then p...step back and pull the trigger and execute? And it's very hard to find people who are both good at their strategic and the analytical that then...that don't get so caught up in that, that they're still able to say, "I'll take on some risk," because all action...all business action requires a certain level of risk-taking.

look for: 〜を期待する、探し求める **key:** 重要な、主要な **lieutenant:** 副官、補佐官 **ability to do:** 〜する能力、才能 **lead:** 〜を率いる、指揮する	**thought:** 思考、思考力 **certainly:** 確実に、必ず **soft touch:** 物腰のやわらかさ **identify:** 〜を識別する、見分ける	**talent:** 才能、素質 **finally:** 最後に **probably:** 多分、おそらく **in many ways:** いろいろな意味で、多くの点で

トム・グローサー [ロイター CEO]
「すべては会話から始まる」

CNN あなたの重要な部下たちに求めるものは何ですか。

グローサー 指導力と目を見張るような戦略的思考、人々への物腰のやわらかさ、才能を見極める能力です。そして最後に、多分これが最も重要なことであり、多くの意味で最も難しいスキルなのですが、それは、難しい分析作業を行うだけの能力と自制心と忍耐力を持っているが、その一方で、一歩引いて客観的に考え決断し、実行できるかどうかということです。こういう人を見つけるのは非常に難しいのですが、戦略性と分析力に共に長けていて、しかもなお……それにとらわれすぎず「多少のリスクはとりましょう」と言えるような人でなければなりません。なぜなら、すべての行動に……ビジネスにかかわるすべての行動には、ある程度のリスクが付き物だからです。

discipline: 自制心、克己心 **patience:** 忍耐力、我慢強さ **tough:** 困難な、難しい **analytical:** 分析的な、解析的な	**step back:** 一歩離れて見る、客観的に見る **pull the trigger:** 引き金を引く、実行を決断する **execute:** 〜を実行する、遂行する **be good at:** 〜が得意である、上手である	**take on:** 〜を引き受ける、担う **risk:** 危険、危険性 **require:** 〜を要求する **a certain level of:** ある程度の、一定程度の

 Track 05

Tom Glocer: Striving to Be Better

■経営者として大切なのは冷静で臨機応変であること

CNN　What do you think your greatest strength as a manager is?

Glocer　Probably calmness under...calm under pressure. I...I don't get so focused on the one way to do things that I think I stay fairly flexible and light on the feet. And certainly in the industry, we are affected by finance, technology and media changes. That's pretty important.

CNN　And your greatest weakness?

Glocer　Probably a belief that technology can change things more quickly than it does. I think many of us have a tendency to overestimate what technology can do in the short run, say two to three years, and underestimate what technology does to all of our businesses and markets over 10 years. And getting that sense right: Don't rush too quickly, but you better not miss the next technology wave.

strength: 強み、長所 **calmness:** 落ち着き、冷静さ **under pressure:** 圧力を受けて、プレッシャーの下で **get focused on:** 〜に集中する、〜のことばかり考えるようになる	**fairly:** かなり、相当 **flexible:** 柔軟な、臨機応変な **light on the feet:** フットワークが軽い、動きが素早い **industry:** 産業、事業	**affect:** 〜に影響する、影響を与える **finance:** 金融、財政 **pretty:** かなり、相当 **weakness:** 弱点、短所 **belief:** 信念、信条

トム・グローサー [ロイター CEO]
「すべては会話から始まる」

CNN 経営者としてのあなたの最大の長所は何だと思いますか。

グローサー 多分、冷静さ……プレッシャーのもとで冷静さを保てることでしょう。私は、物事を行うときにひとつのやり方にさほどこだわらないので、かなり臨機応変で、フットワークも軽いと思います。そしてこの業界では、私たちは確実に金融の動き、技術やメディアの変化に影響を受けています。それが大変重要なのです。

CNN では、最大の弱点は？

グローサー おそらく、科学技術が物事にもたらす変化を、実際よりも急速だと信じていることでしょうね。思うに、私たちの多くが持つ傾向として、たとえば2、3年という短期間では科学技術がもたらしうるものを過大評価し、10年以上の長期間では科学技術がビジネスと市場全体にもたらすものを過小評価しがちです。これを正確に言えばこうなるでしょう。早まって飛びついてはいけないが、次のテクノロジーの波に乗り遅れてもいけない。

---

have a tendency to do: ～する傾向がある	**underestimate:** ～を過小評価する	**better not do:** ～しない方がよい
overestimate: ～を過大評価する	**market:** 市場	**miss:** ～を見逃す、見落とす
in the short run: 短期的に、短期間で	**sense:** 感覚、判断能力	**wave:** 波
say: たとえば、例を言うと	**rush:** 急ぐ、急いで行動する	

 Track 06

Tom Glocer: Striving to Be Better

■大切なのは自己改善の積み重ね

CNN   And where do you think your drive comes from?

Glocer   I love the idea of self-improvement. So I'll go out... Whether it's my tennis game or skiing or no matter what, I just want to be better. I want to be better in the evening when I leave work. I want to leave Reuters in a better place than it was when I found it in the morning. And if you put together over six years, sort of consecutive days of "It's just a little bit better in the evening than it was in the morning" and then you look back, and, wow, you...you've achieved quite a lot.

drive: 駆り立てるもの、意欲 idea: 考え方、着想	self-improvement: 自己改善、自己啓発 no matter what: 何であろうと、どんなものであっても	leave work: 仕事を終える、退社する put together: 〜を考え合わせる、合計する

トム・グローサー [ロイター CEO]
「すべては会話から始まる」

CNN あなたを駆り立てるものはどこから生じてくるとお考えですか。

グローサー 私は自己改善という考え方が好きです。ですから出かけるとき……たとえ、それがテニスであれスキーであれ何であれ、ただ上達したいのです。夜、仕事を終えたとき、前より良くなっていたいのです。朝来たときよりも、ロイターを良い状態にしたいのです。そして、「朝よりも夜のほうが、ほんのちょっぴり良くなった」という日の連続を6年分合計すると、振り返ってみれば、なんと、ずいぶん多くのことを成し遂げているのです。

(2008年4月号掲載)(訳　寺田百合子)

consecutive: 連続した、継続的な **a little bit:** ほんの少し、ちょっとだけ	**look back:** 振り返る、顧みる **wow:** うわ、あらまあ	**achieve:** 〜を成し遂げる、達成する **quite a lot:** ずいぶんたくさん、かなりの量

世界のトップ経営者に聞く！　17

Craig Barrett
It's All About Technology

クレイグ・バレット ［インテル会長］
不況は新製品開発で乗り越えろ

世界最大の半導体メーカーのインテルで長年 CEO を務め、その後会長として手腕を発揮するクレイグ・バレット氏。IT バブル崩壊後いかにしてトップの座を維持してきたのかを、自分たちの仕事の核心は「なんといっても科学技術」と言う氏に尋ねた！

【プロフィール】
1939 年、カリフォルニア州サンフランシスコ生まれ。奨学金を受けてスタンフォード大学の物質工学科で学び、同大学で博士号を取得後、同大学准教授となる。1974 年、技術開発担当マネージャーとしてインテル入社。数々の優れた製品開発に携わる。1984 年、副社長に就任。1997 年に社長となり、2005 年より会長に就任。IT（ドットコム）バブルがはじけた後も、新製品の開発に注力するという技術者ならではの経営哲学でインテルを率いてきた（インタビュー後、2009 年にインテルの会長を退任）。

写真：ロイター / アフロ

Craig Barrett: It's All About Technology

■不況のときこそ、新製品を作り続ける

CNN　Do you think Intel's a different company now than it was before the bursting of the tech bubble?

Barrett　Probably the biggest difference is our worldwide influence, or the impact of the...We do more business outside the U...U.S. today than ever before, and...and that international business is growing.

CNN　What did you learn, as CEO, having to steer the company through those times?

Barrett　Regardless of how deep a depression, we always know that we have to invest our way out. We don't save our way out of a...of a recession. New products are our lifeblood, so you have to keep up the R&D stream. You have to keep up the new products, the new technology machine. Keep that going full speed ahead.

it's all about:《タイトル》すべては〜の問題だ、重要なのは結局〜だ **than:** 〜と比べて、〜よりも **bursting:** 破裂、崩壊 **tech:** =technology　科学技術、テクノロジー	**bubble:** 実体のない好景気、バブル経済 **probably:** 多分、おそらく **worldwide:** 世界的な、世界規模の **influence:** 影響、影響力	**impact:** 衝撃、影響 **steer:** 〜のかじを取る、〜を操縦する **regardless of:** 〜にかかわらず **depression:** 不況、不景気

クレイグ・バレット [インテル会長]
「不況は新製品開発で乗り越えろ」

CNN 現在インテルの体質は変わったと思われますか、ITバブルの崩壊以前に比べて。

バレット 多分、最大の変化は私たちが世界規模で影響を及ぼしていること、つまり影響……私たちは現在、これまでのどの時期にも増して、アメリカ以外での仕事が多くなり、国際取引が増えています。

CNN CEOとして何を学ばれましたか、会社のかじ取りをしなければならなかったそのような時期に。

バレット どんなに深刻な不況にあっても、私たちは常に、自己投資によって活路を切り開くしかないと認識していました。節約によって低迷期を乗り切ることはしません。新製品は私たちの命綱です。ですから、研究開発の歩みを止めることはできません。新製品や新技術の機械の製造を維持しなければなりません。それを猛スピードで進めていかなければならないのです。

invest: 〜に投資する、金を使う **way out:** (困難などからの) 脱出方法、(問題などの) 解決方法 **do one's way out of:** 〜することで…を乗り切る、…から抜け出すために〜する	**recession:** 景気後退、不況 **product:** 製品、商品 **lifeblood:** 生き血、活力の元 **keep up:** 〜を保持する、維持する	**R&D:** = research and development 研究開発 **stream:** 流れ、連続的な活動 **go full speed ahead:** (船などが) 全速前進する、全速力で進む

Track 08

Craig Barrett: It's All About Technology

■技術の先駆者になることで戦いに打ち勝つ

CNN　A lot of people are critical when you do that when...when times are tough, though. They want to see you hoard some money. You came under some fire for that, didn't you?

Barrett　Well, there were a few negative comments made that we should be having massive layoffs; we ought to cut our capital spend; we ought to cut our R&D spending. But, in fact, back in the '03-'04 time frame—when, in fact, the markets started to rebound—we had the new products and the technology in place.

CNN　AMD is much smaller, but it's stealing market share. How does Intel ultimately win that? Is it gonna come down to pricing?

Barrett　We win by being technology leaders. It's the only way you win in our business. You know, the...the simplest measure is if you look in January and then December of the same year, the revenue in December, about 90 percent of it comes from products that weren't there in January. So unless you have that constant flow of new products, you can't be successful.

---

critical:　批判的な、非難の	**negative:**　否定的な、反対の	**capital spend:**　=capital spending　設備投資
tough:　困難な、難しい	**make a comment:**　論評する、意見を述べる	**in fact:**　実際には、本当に
though:　しかしながら、そうはいうものの	**massive:**　大規模な、大量の	**back in:**　〜にさかのぼると
hoard:　〜を蓄える、ため込む	**layoff:**　一時解雇、レイオフ	**time frame:**　時間枠
come under fire:　攻撃される、非難を浴びる	**ought to do:**　〜するべきである、〜する義務がある	**rebound:**　回復する、立ち直る

クレイグ・バレット［インテル会長］
「不況は新製品開発で乗り越えろ」

CNN　しかし、困難な時期にそんなことをすると、多くの批判にさらされますよね。あなたには資金を蓄えることが期待されますから。そのことでかなり非難を浴びたのではありませんか。

バレット　そうですね、否定的な意見もいくらかありました。大量の一時解雇を行うべきだとか、設備投資を削減すべきだとか、研究開発費をカットすべきだとかの批判です。しかし実際には、2003年から2004年の時期を振り返ると——これは実際に市場が回復し始めた時期ですが——私たちには新しい製品と技術が準備できていたのです。

CNN　AMD社はもっとずっと小さな会社ですが、市場のシェアを奪っています。インテルはこの戦いで、どうやって最終的に勝利するのでしょうか。価格競争に行き着くのでしょうか。

バレット　私たちは技術の先駆者になることで打ち勝ちます。この業界では、それが唯一の勝ち方なのです。ほら、最も分かりやすい目安は、たとえば同じ年の1月と12月を見てみると、12月の収益の90%は1月の時点では存在していなかった製品から上がっていたりします。ですから、このように新製品を絶えず出し続けない限り、勝利することはできないのです。

have...in place: …の準備ができている **AMD:** = Advanced Micro Devices ▶コンピューター用プロセッサーを製造する米国企業。 **steal:** 〜を盗む、奪う **market share:** 市場占有率、マーケットシェア	**ultimately:** 最終的に、結局 **come down to:** 〜に行き着く、〜に帰着する **pricing:** 価格設定、値付け **measure:** 評価基準、評価方法 **look in:** 〜をのぞき込む、調べる	**revenue:** 収益、収入 **unless:** 〜でない限り、もし〜でなければ **constant:** 絶え間ない、継続的な **flow of:** 〜を流すこと、〜の供給 **successful:** 成功を収めた、成功している

Craig Barrett: It's All About Technology

■技術者から経営者への転身

CNN Now, when you look at your background, you...you are obviously of a passion for the technology. You...you don't just come from a sales and marketing background. You could've stayed in academia, and yet you didn't. You made that transition to, you know, management, CEO, ultimately a leadership role. How hard was that? What was that learning curve like for you? 'Cause they're...they can be very different worlds.

Barrett Well, it was on-the-job training. I've never had a...I had never had a single marketing or business course in my life. I was trained...educated as an engineer. I taught at Stanford Engineering School for 10 years.

But, you know, the core of our business is, in fact, technology. And I love the technology, and I think that that's helped me in the business. If you really love what you do, and you just want to get to work every morning, and you want to be successful, then the rest follows.

---

background: 経歴、履歴 **obviously:** 明らかに、言うまでもなく **passion:** 情熱	**could've:** =could have **stay in:** 〜にとどまる、ずっといる **academia:** 学問の世界、研究生活	**and yet:** それなのに、それにもかかわらず **make a transition to:** 〜に移行する、転身する **management:** 経営陣、経営者側

クレイグ・バレット [インテル会長]
「不況は新製品開発で乗り越えろ」

CNN ところで、経歴から判断すると、あなたは明らかに科学技術への情熱をお持ちです。営業やマーケティングの分野の出身ではありません。学問の世界にとどまることもできましたが、あなたはあえてそうしませんでした。経営へ、CEOへ、そしてついには指導者の地位へと転身を遂げました。これはどれくらい難しいことでしたか。新しい仕事はどのくらいで身につきましたか。というのも、この2つの分野は、まるっきり違う世界のように思われますから。

バレット そうですね、実際に仕事をしながら身につけてきました。私はただの一度も……これまでに一度も、経営学やビジネスのコースをとったことがありませんでした。私は訓練を……技術者としての教育を受けてきました。スタンフォード大学工学部で10年間、教鞭を執っていました。

しかし、私たちの仕事の核心はね、なんと言っても科学技術なのです。私は科学技術が大好きですし、それがこの仕事をするうえで役立ったと思っています。もし、自分が現在していることが本当に好きならば、そして毎朝、仕事に取りかかりたくなるならば、成功したいと望むのならば、そのほかのことはおのずとついてくるものです。

---

leadership role:
指導的役割、統率役
learning curve:
学習曲線、習熟度の変化
on-the-job training:
実地訓練、現場教育

educate:
〜を教育する、学ばせる
engineering school:
工学部、工学部大学院
core:
核心部、中核部

get to work:
仕事につく、仕事に取りかかる
the rest:
残り、そのほか
follow:
後に続く、後ろについてくる

世界のトップ経営者に聞く！　25

Craig Barrett: It's All About Technology

■インテルの未来とは？

CNN Do you think America is losing its edge when it comes to being competitive in these fields?

Barrett There...there's no question that the trend is away from America as the only dominant source. We still have the best research universities—the...the Stanfords, the MITs, the University of California campuses. We still have the best research universities in the world, but the rest of the world is catching up from an education standpoint and from a research standpoint.

CNN What does that mean for a company like Intel? Does that mean more operations move to those parts of the world?

Barrett It means, to be internationally competitive, we have to hire the best and the brightest wherever they reside. We have operations in Russia; we have operations in India; we have operations in China, Malaysia, Philippines, around the world. But we try to attrack...attack...attract, excuse me, the best talent wherever it resides. We have to, to be competitive.

---

lose one's edge: 鋭さを失う、競争力を失う **when it comes to:** 〜のことになると、〜に関して言えば **competitive:** 競争力のある、競合できる **field:** 領域、分野	**trend:** 傾向、すう勢 **be away from:** 〜から離れている、遠い **dominant:** 支配的な、優勢な **source:** 供給源、提供元	**research:** 研究、調査 **MIT:** ＝ Massachusetts Institute of Technology マサチューセッツ工科大学 **catch up:** 追いつく、追い上げる

クレイグ・バレット ［インテル会長］
「不況は新製品開発で乗り越えろ」

CNN アメリカは勢いを失い始めていると思いますか、これらの分野での競争力という点で。

バレット アメリカがこれらの分野で唯一の供給大国であった時代が去ったことは間違いありません。それでもアメリカには、まだ最高の研究機関があります——スタンフォード大学やマサチューセッツ工科大学やカリフォルニア大学の各キャンパスなどです。アメリカにはまだ、世界で最高の研究機関がありますが、世界のほかの国々は、教育の観点からも、研究の観点からも、追い上げています。

CNN インテルのような企業にとって、それはどういう意味を持ちますか。事業がますます世界のそれらの地域に移っていくことを意味するのでしょうか。

バレット それはつまり、国際的な競争力を維持するためには、どこに住む人であるかにかかわらず、最も優秀な人たちを集めなければならないということです。私たちはロシアで事業を行い、インドで事業を行い、中国、マレーシア、フィリピン、世界中で事業を行っています。そしてどこに住む人であろうと、最も優れた人材を引き付け……攻撃……失礼、引き付けなければなりません。競争力を保たなければならないのです。

from a...standpoint: …的観点からは、…の視点で考えると **operation:** 事業、業務 **move to:** 〜に移動する、移転する	**internationally:** 国際的に、国際間で **hire:** 〜を雇う、採用する **the best and the brightest:** 最も優秀な人材 **wherever:** どこに〜しようとも	**reside:** 住む、居住する **attract:** 〜を引き付ける、引き寄せる **talent:** 才能のある人たち、優秀な人材

 Track 11

Craig Barrett: It's All About Technology

■科学技術の世界に何を残せるか

CNN   What is your legacy to Intel and maybe to technology, do you think?

Barrett   We grew through the '80s and '90s to become the world's largest semiconductor company. By far, we still are the world's largest semiconductor company. And I like being number one; that's a good legacy to live with as well.

| legacy:
遺産、後に残すもの
maybe:
もしかしたら、多分 | grow:
成長する、発展する | semiconductor:
半導体、セミコンダクター |

クレイグ・バレット［インテル会長］
「不況は新製品開発で乗り越えろ」

CNN インテルに対して、またもしかしたら科学技術の世界に対しても、あなたが残せる遺産は何だと思いますか。

バレット 私たちの会社は1980年代から90年代にかけて成長し、世界最大の半導体企業になりました。そして今でも、群を抜いて世界最大の半導体企業であり続けています。私はナンバーワンであることが好きですが、それは同時に、人の生活に入り込む素晴らしい遺産にもなるのです。

(2008年7月号掲載)(訳　寺田百合子)

by far: 群を抜いて、圧倒的に	live with: 〜を受け入れて生きる、〜を抱えて生きる	as well: もまた、同様に

Howard Schultz
The Perfect Blend

ハワード・シュルツ［スターバックスCEO］
利益を追求するだけでは成功しない

世界各地で店舗展開し、日本でもごく身近になった「スタバ」。シアトルのコーヒー豆専門店だったスターバックスを世界的なコーヒーショップへと成長させた立役者、シュルツ氏が語るビジネス成功の秘けつとは？

【プロフィール】
1953年、ニューヨーク市ブルックリン生まれ。貧しい労働者の家庭に生まれ、共同住宅で育つ。ノーザン・ミシガン大学卒業後、ゼロックスの営業職、日用品メーカーの副社長などを経て、1982年、店舗運営とマーケティング部門の役員としてスターバックスに入社。イタリアで飲んだエスプレッソの味に感動し、エスプレッソ・カフェの展開を同社で取り入れ大成功する。全米はもちろん世界各地に店舗を拡大。シアトルのしがないコーヒーショップを、世界的な規模に成長させた。

写真：ロイター／アフロ

Howard Schultz: The Perfect Blend

■広告よりもスタッフの教育に投資する

CNN　When you look at a market, do you radically alter the Starbucks model? Or is it much more of a case of one-size-fits-all with a few, sort of, modifications...minor modifications?

Shultz　Well, I think when you look at Starbucks as a business case, what we've done and the way we do business is quite different than a classic consumer brand.

　And let me be specific: Most consumer brands that have emerged in the last 10, 20 years have been built through traditional marketing and traditional advertising. Starbucks is not an advertiser. People think we're a great marketing company, but in fact, we've spent very little money on marketing—more money on training our people than advertising.

blend:《タイトル》混合、調和 **radically:** 根本的に、徹底的に **alter:** 〜を変える、変更する **model:** やり方、方式	**be much more of a:** むしろ〜である、どちらかというと〜だ **case:** 場合、事例 **one-size-fits-all:** フリーサイズ、万人向けの仕様	**a few:** 少しの、わずかな **sort of:** 多少、いくぶん **modification:** 修正、変更 **minor:** 小規模な、大したことのない

ハワード・シュルツ ［スターバックス CEO］
「利益を追求するだけでは成功しない」

CNN 市場を眺めて、スターバックス方式を根本から変更することもあるのでしょうか。それとももっと万能で、それにいくらかの修正を加えるだけなのでしょうか。

シュルツ そうですね、思うに、スターバックスをビジネス形態として見たとき、私たちがしてきたことやビジネスのやり方は、典型的な消費者ブランドとはかなり異なっています。

　詳しく言いますと、この10年か20年の間に台頭してきた消費者ブランドは、たいていの場合、典型的なマーケティングと典型的な広告手法を基盤に伸びてきました。しかし、スターバックスは広告を行わない会社です。一般には、大々的にマーケティングを行う会社と思われていますが、実際はマーケティングにはほとんどお金をかけません。広告よりも自社のスタッフの教育にお金を使っているのです。

---

quite: かなり、非常に	**specific:** 具体的な、詳細な	**advertising:** 宣伝、広告
be different than: 〜と異なる、違う	**emerge:** 出現する、台頭する	**advertiser:** 広告主
classic: 古典的な、昔ながらの	**build:** 〜を構築する、築く	**in fact:** 実際には、本当に
consumer brand: 消費者ブランド　▶消費者向けの製品を製造する企業。	**traditional:** 伝統的な、従来式の	**spend money on:** 〜に金を使う、投資する

Howard Schultz: **The Perfect Blend**

■ スターバックスは典型的な経験ブランド

Shultz　But the point I want to make is that we built the brand by "the experience." And when you look back on the history of Starbucks, we are the quintessential, experiential brand, built by what happens inside of our stores. And the mantra has been this: If you want to exceed the expectations of your customer, you can't do that unless you exceed the expectations of your people first, which means you have to treat people with respect and dignity.

People want to be part of something larger than themselves, and at the end of the race, there has to be something in it for them. The most fragile asset of a…of any kind of company, and certainly a consumer brand, is whether or not you can build an enduring level of trust with both your customer and your employees.

make the point that: 〜であると主張する、強調する **experience:** 経験、体験 **look back on:** 〜を振り返る、回想する **quintessential:** 典型的な、純粋の	**experiential:** 経験的な、経験に基づいた **mantra:** （繰り返しとなえる）お題目、スローガン **exceed:** 〜を上回る、超える	**expectation:** 予想、期待 **unless:** 〜でない限り、もし〜でなければ **treat:** 〜を扱う、処遇する **respect:** 尊敬、敬意

ハワード・シュルツ [スターバックス CEO]
「利益を追求するだけでは成功しない」

シュルツ　しかし、私が強調したいのは、われわれはこのブランドを「(お客さまが店内で味わう) 経験」によって築いたということです。スターバックスの歴史を振り返ってみると、われわれは典型的な経験ブランドであり、そのブランドを構築するのは店内での出来事です。スローガンとしてこう言ってきました。もしもお客さまの期待を上回ろうと思うなら、まずは自社のスタッフの期待を上回ることができなければそれは不可能である、というものです。つまり、スタッフに敬意と品位をもって接しなければならないということです。

　人は自分よりも大きな組織の一員になることを望みますが、最終的には、彼らのためになる何かがそこになければならないのです。どんな会社においても最も繊細な、とりわけ消費者ブランドにおいては最も繊細な財産は、会社がお客さまと社員の双方との間にゆるぎない信頼関係を築けるかどうかなのです。

dignity: 品位、尊厳 **be part of:** 〜に携わる、〜の一員である **be something in A for B:** BにとってAで何かを得る **fragile:** 壊れやすい、もろい	**asset:** 財産、資産 **any kind of:** あらゆる種類の **certainly:** 確実に、必ず **whether or not:** 〜かどうか	**enduring:** 永続的な、ゆるぐことのない **trust:** 信頼、信用 **employee:** 従業員、社員

Track 14

Howard Schultz: The Perfect Blend

■スターバックスのコーヒーを買う理由とは？

CNN　I'd like to open this up now to our audience, here at the China Europe International Business School. And our first question today comes from Robert Zhang. Robert.

Zhang　OK, thank you. Starbucks products are expensive, but it also means a fashionable experience, right? So can you tell me the reason...can you...can you tell me why people want to keep...want to get the premium?

Shultz　I wouldn't say Starbucks coffee is expensive. I...I would say it is a...it's a premium product and a premium price based on what it is we deliver to the consumer. And the price of coffee that we buy is significantly higher in price than most people in the coffee business. And then, in terms of what it is we do to deliver on the experience, people really do feel that there's good value for the experience and what happens in a Starbucks store.

| open A up to B:　AをBに解放する、BをAに受け入れる　audience:　聴衆、観客 | China Europe International Business School:　中欧国際工商学院　product:　製品、商品 | expensive:　高価な、高い　fashionable:　流行の、おしゃれな　the premium:　高級なもの、割高なもの |

ハワード・シュルツ［スターバックス CEO］
「利益を追求するだけでは成功しない」

CNN ここからは、ここ中欧国際工商学院の聴衆の皆さんにもご参加いただきたいと思います。今日の最初の質問はロバート・チャンさんからです。ロバートさん、どうぞ。

チャン はい、ありがとうございます。スターバックスの商品は高いけど、同時におしゃれな体験もできるわけですよね。そこで理由を……なぜ人々は高級な商品を持ちたがる……買いたがるのか教えていただけますか。

シュルツ 私はスターバックスのコーヒーが高いとは思いませんよ。それは高級な商品であり、またお客さまに提供している品質に見合った価格だと考えています。私たちが購入しているコーヒー豆の価格はかなり高いんですよ、コーヒー業界の大部分の人が買うものよりも。さらに、お客さまに期待どおりの経験をしていただくためのわれわれの努力ということに関して言えば、お客さまには、スターバックス店内での経験や体験に大きな価値があるのだということを、心から感じていただいています。

| (be) based on:
〜に基づいている
deliver A to B:
A を B に届ける、供給する | significantly:
大いに、著しく
in terms of:
〜に関して、〜の観点から | deliver on:
〜について期待に沿う
value:
①価値 ②〜を評価する |

Howard Schultz: The Perfect Blend

■社員を大切にするという企業理念

CNN　So tell us: What are your moral values as they apply to the corporation? And where do they come from?

Shultz　Well, you know, for me, I...I said earlier that I...I was a poor kid from Brooklyn, New York, kind of growing up on the other side of the tracks. An...and I've never lost sight of the fact that I want people in our company to...whether they're highly educated, whether they come from a rich or poor family, whatever religion they are, whatever color they are, I want people to be valued and respected.

And I think that goes back to the fact that I kind of watched my father, as a young boy, lose his self-esteem because as a blue-collar worker in the '50s and '60s. I felt that he was kind of devalued. And I never forgot that. And so I think what we've tried to do as a company is directly linked to my childhood experience.

moral: 道徳上の、倫理的な **apply to:** 〜に適用される、当てはめられる **kind of:** 多少、いくぶん	**grow up:** 成長する、育つ **on the other side of the tracks:** 貧しい地区に、下流層に **lose sight of:** 〜を見失う、〜が分からなくなる	**fact that:** 〜という事実 **educated:** 教育を受けた、教養のある **religion:** 宗教

ハワード・シュルツ [スターバックス CEO]
「利益を追求するだけでは成功しない」

CNN　教えてください。あなたが会社に対して適用している倫理観はどのようなものですか。また、それらはどこから生まれたのですか。

シュルツ　そうですね、私に関して言えば、先ほど申し上げたように、私はニューヨークのブルックリン出身の貧しい少年でした。いわゆる貧困地区の一画で育ったのです。そして、私が今まで決して見失わなかったのは、会社で働く人たちが……たとえ学歴が高かろうが、家が裕福だろうが貧しかろうが、宗教が何であろうが、肌の色がどうであろうが、社員が価値を認められ、尊重されることを私が望んでいるということです。

　そして思うにこれは、少年のころ、父親の姿を目にしたことに行き当たります。1950年代から60年代にかけてブルーカラーだった父は、自尊心をくじかれていました。父が軽んじられているように感じました。私は決してこれを忘れませんでした。ですから、私たちがこれまで会社として努力してきたことは、私の子ども時代の体験に直接つながっていると思います。

color: 肌の色、人種 **valued:** 価値のある、評価の高い **respected:** 尊敬される、評判のよい	**self-esteem:** 自尊心 **blue-collar worker:** 肉体労働者、ブルーカラー労働者 **devalue:** 〜の価値をおとしめる、〜の評価を低くする	**directly:** 直接に、じかに **be linked to:** 〜とつながっている、関連がある **childhood:** 子ども時代、幼少期

Howard Schultz: The Perfect Blend

■スターバックスが成功した秘密

CNN   What are your golden business rules, which don't just apply to Starbucks but apply right across the board?

Shultz   I think you have to be 100 percent authentic and true. I think, when you're building a business or joining a company, you have to be transparent. You...you can't have two sets of information for two sets of people. I think you have to... A...A...A great leader at times have...has to demonstrate a level of vulnerability and...and share with people how you really feel.

In order to achieve success, it takes unbridled enthusiasm and passion. You have to find something that you really, really love. And I think you have to be willing to understand that this is hard to do—to build great, enduring success—and it takes personal sacrifice.

---

golden rule: 黄金律、金科玉条 **across the board:** 全体にわたって、対象すべてに **authentic:** 本物の、偽物でない	**true:** 忠実な、誠実な **transparent:** 透明な、隠し事のない **at times:** ときどき、時には	**demonstrate:** 〜をはっきり示す、明らかにする **a level of:** 一定レベルの、ある程度の **vulnerability:** 弱さ、もろさ

ハワード・シュルツ［スターバックスCEO］
「利益を追求するだけでは成功しない」

CNN　あなたのビジネスの黄金律はどんなものですか、スターバックス一社だけでなく、あらゆる企業の経営についても当てはまるのは。

シュルツ　100％偽りなく、誠実でなければならないと思います。会社を起こすとき、あるいはどこかの会社に入社するときは、透明性がなければなりません。2種類の人々に向けて、2種類の情報を持つようなことがあってはならないのです。私の考えではしなければなりません……偉大なリーダーも、時にはある程度の弱さを見せ、本心を他人と共有しなければなりません。

　成功を収めるためには、抑えきれないほどの熱意と情熱が必要です。何か本当に、心から好きなものを見つけなければなりません。また、認めなければならないと思います、これが難しいことだと――大きな、継続的な成功を収めることは――そして個人的な犠牲を払うことも要求されることを。

---

share A with B:
AをBと分かち合う、AをBに伝える　▶ここではshare with B Aの語順になっている。
in order to do:
～するために

achieve:
～を成し遂げる、達成する
unbridled:
抑えられない、抑制のきかない
enthusiasm:
熱意、意気込み

passion:
情熱
be willing to do:
～することをいとわない、あえて～する覚悟がある
sacrifice:
犠牲

Howard Schultz: **The Perfect Blend**

■夢を共有できる人々を見つけよう

Shultz   And you have to find people who share your dream not only to make money. Great businesses do not succeed because they're focused purely on making a profit. Great businesses succeed at a high level of profitability because they're doing fantastic things for their people, for their customers and their communities. Find that fragile balance and you will build a profitable business. Surround yourself with people who are smarter, more experienced than yourselves and share the success with them.

| make money:
金を稼ぐ、もうける
be focused on:
〜に集中している、〜のことばかり考えている | purely:
純粋に、無邪気に
make a profit:
利益を上げる、もうけを出す | profitability:
収益性、採算性
fantastic:
素晴らしい、すてきな |

ハワード・シュルツ [スターバックス CEO]
「利益を追求するだけでは成功しない」

シュルツ そして、金もうけだけでなく、夢を共有できる人々を見つける必要があります。偉大な企業は、純粋に利益を追求するだけでは成功しません。偉大な企業が、高水準の収益性をもって成功を収めるのは、社員にとって、お客さまにとって、そして地域社会にとって魅力的なことを行っているからです。その微妙なバランスを見つければ、収益の上がる会社をつくることができるでしょう。自分よりも頭が良く、自分よりも経験豊富な人たちで周囲を固め、彼らとともに成功を分かち合うのです。

(2008年9月号掲載)(訳　寺田百合子)

community: 地域社会 **profitable:** 収益性の高い、採算のとれる	**surround oneself with:** 〜に囲まれる、〜の中に身を置く **smart:** 賢い、利口な	**experienced:** 経験豊かな、熟練の

Carlos Ghosn
Speaking of Leadership

カルロス・ゴーン ［日産・ルノーCEO］
リーダーシップは技能として学べ

日産とルノーという２つのグローバル企業の最高経営責任者、カルロス・ゴーン氏。どのようにして、社風も文化もまったく異なる巨大企業を経営しているのか。その戦略や、リーダーに必要な条件などについて聞いた！

【プロフィール】
1954年、ブラジル生まれ。ブラジルとフランスの二重国籍を持つ。高校までの教育をレバノンで受け、フランスの理工科学校を卒業後、パリ国立高等鉱業学校で修士号を取得。1978年、タイヤメーカーのミシュランに入社し、ブラジル事業の再生など数々の成果を挙げ、ブラジル・ミシュラン社長に就任。1996年、副社長としてルノーに入社。その後、破産寸前まで追い込まれた日産の奇跡的な復活を果たし、CEOとしてルノーや日産の業績を目覚ましく回復させる。

写真：ロイター／アフロ

Carlos Ghosn: Speaking of Leadership

■日産とルノーという2社の経営

CNN　It's tough enough managing one company. How do you manage two?

Ghosn　Well, obviously, you need to understand, first, why you're managing two companies. How come? I mean, I'm not managing two companies which are completely disconnected one from the other. I'm managing two companies because it happened that these two companies are linked through an alliance and this is a very good phase to have one CEO managing both companies in order to make the alliance stronger for the future.

But it doesn't mean that it's gonna be like this forever. I mean, I...I think we...we...we need to have a very flexible organization where, from time to time, you have two different CEOs. From time to time, you may have one CEOs, because at the end of the day, an organization is not an...an...an objective; it's a tool. It's a tool to...to get as much value as you can in your industry.

---

speak of:《タイトル》〜のことを話す、〜について語る **leadership:**《タイトル》①指導力　②指導者層、経営者層 **tough:**難しい、困難な **manage:**〜を経営する、管理する	**obviously:**明らかに、言うまでもなく **How come?:**なぜ？、どうして？ **completely:**完全に、まったく **disconnected:**切り離された、つながりのない	**one from the other:**お互いに、双方の間で **it happens that:**〜ということがたまたま起こる **be linked:**つながっている、関連がある **alliance:**提携、同盟

カルロス・ゴーン [日産・ルノー CEO]
「リーダーシップは技能として学べ」

CNN 1つの会社を経営するだけでも十分大変なのに、どうやって2つの会社を経営しているのですか。

ゴーン そうですね、当然ながら、まず最初に2つの会社を経営している理由を理解する必要がありますね。どうしてなのか。つまり、私は互いにまったく何の関係もない2社を経営しているわけではありません。この2つの会社を経営しているのは、2つの会社が、たまたま提携関係を結んでいたためです。そして、今は両社を1人のCEOが経営するのが非常に好都合な時期なのです、将来に向けて提携をますます強固なものにするために。

　しかし、これが永遠に続くというわけではありません。つまり、私の考えでは、組織は非常に柔軟である必要があります。あるときは2人のCEOがいるかもしれませんし、あるときには1人のCEOかもしれません。なぜなら最終的に、組織は目的ではなく、手段だからです。それは手段なのです、事業から最大の価値を引き出すためのね。

---

phase: 段階、局面	**flexible:** 柔軟な、臨機応変な	**objective:** 目標、目的
in order to do: 〜するために	**organization:** 組織、機構	**tool:** 道具、手段
for the future: 今後のために、将来的に	**from time to time:** 時々、時たま	**value:** 価値
forever: 永遠に、ずっと	**at the end of the day:** 最終的には、結局のところ	**industry:** 産業、事業

Carlos Ghosn: Speaking of Leadership

■約100カ国に散らばる従業員を率いて

CNN   How do you manage a global workforce?

Ghosn   Well, I...I think more and more managing a global workforce means that you need to have, first, a very clear strategy that everybody understand. That's very important.

If I take the case of Nissan, you have two...220,000 people today working for Nissan. Or in Renault, you have 140,000 people. They are, you know, scattered on about 100 countries. They need to understand what they are doing. You know, what is the purpose? Or what's the strategy? Where they're going? What are the...what are the priorities? What are the technologies? What's the aim of...of these companies? And this means that you need to have a clear strategy that everybody understand. Obviously, they can buy in. And eventually, it...it gives a lot of meaning to what they're doing every day.

---

global: 国際的な、世界的規模の **workforce:** 労働力、全従業員 **clear:** はっきりした、明快な	**strategy:** 戦略 **case:** 実例、事例	**be scattered on:** 〜に散らばっている、散在している **purpose:** 目的、目標

カルロス・ゴーン [日産・ルノー CEO]
「リーダーシップは技能として学べ」

CNN　世界に散らばる従業員をどのように管理しているのですか。

ゴーン　そうですね、思うに、従業員が国際色豊かになればなるほど、まず第一に、誰にでも理解できる非常に明確な戦略を立てる必要があります。それは非常に重要なことです。

　日産を例にとれば、現在22万人が日産で働いています。また、ルノーには14万人がいます。これらの従業員はね、ほぼ100カ国に散らばっているのです。彼らは、自分たちがしている仕事の意義を理解する必要があります。ほら、目的は何なのだろうか。あるいは、どういう戦略を持っているのだろうか。自分たちはどこへ向かっているのだろうか。何を優先すべきなのだろうか。あるいは、どんな技術を使うのだろうか。会社の目的は何なのだろうか、といったね。つまり、誰もが理解できる明確な戦略が必要なのです。そうしたら当然、彼らは自分のやるべきことが分かります。そして最終的に、彼らの日常の仕事において、これが大きな意味をもたらすようになります。

---

priority: 優先順位、優先事項 technology: 科学技術、テクノロジー	aim: 目標、目的 buy in: 責任を引き受ける、自分のやるべきことを受け入れる	eventually: 結局、最終的に give a...meaning to: 〜に…な意味を与える、意味をもたせる

Carlos Ghosn: **Speaking of Leadership**

■日産とルノーの違いとは？

CNN　We have a question that touches on that. It's from Osamu Suzuki.

Suzuki　How different are...are corporate cultures at Nissan-Renault?

Ghosn　Well, you know, the...the... I would say, between Nissan and Renault, the difference are very big. Very big. I mean, there is absolutely no similarity between the two corporate cultures. And because...be...because there is no similarity—and from the beginning, we considered that it is very fragile—we have been very cautious into, you know, building this alliance.

　In Nissan, people usually pay a lot of attention to processes. They pay a lot of attention to execution. They pay a lot of attention to deployment. They pay a lot of attention to the product itself, to the service itself.

| touch on:
〜について触れる、〜に関連する
corporate culture:
企業文化、社風 | absolutely:
絶対に、まったく
similarity:
類似性、相似性 | from the beginning:
最初から、当初から
consider that:
〜だと考える、〜ということを考慮する |

カルロス・ゴーン [日産・ルノー CEO]
「リーダーシップは技能として学べ」

CNN それに関連する質問がきています。オサム・スズキさんからです。

スズキ 日産とルノーの社風はどのくらい違っていますか。

ゴーン そうですね、その……私の意見では、日産とルノーの相違は極めて大きいでしょうね。極めて大きいです。つまり、この2社の社風には共通点がまったくありません。そして、共通点がまったくないという理由から──私たちは当初から、(2社の関係を) 非常に弱いものと考えていました──この提携関係の構築を、非常に慎重に進めてきました。

　日産では、従業員は常に、あらゆる工程に多くの注意を払います。製造にも多くの注意が払われます。配置にも多くの注意が払われます。製品そのものにも、サービスそのものにも、多くの注意が払われています。

---

fragile: 壊れやすい、もろい **cautious:** 慎重な、用心深い	**pay attention to:** 〜に注意を払う、気を配る **process:** 過程、工程	**execution:** 実行、(実行結果としての) できばえ **deployment:** (部隊などの) 配置、展開

世界のトップ経営者に聞く！

Carlos Ghosn: Speaking of Leadership

■提携のメリットは互いに学び合えること

Ghosn   Well, the French system is completely different. I mean, the French system is, you know, I'm going to spend a lot of time discussing concept at the beginning, enriching strategies, an...and I'm gonna have two scenarios, and I'm gonna do a lot of 'What if...,' et cetera. And then, when I select a...one particular scenario and a long debate, I just try to hand it to somebody else who's gonna execute it. OK?

So, yeah. Well, y...it's...it's completely different. So, obviously, when you put the two culture together, everybody's gonna pinpoint to the weakness of the other. OK? But...but...the...the...the strength of the alliance is how can you get people to say, "He's doing things differently from me. What can I learn from him?"

spend time doing: 〜して過ごす、〜することに時間を費やす concept: (製品などの) 構想、コンセプト	enrich: 〜を強化する、充実させる scenario: 筋書き、シナリオ What if...?: もし…だったらどうなるか	et cetera: 〜など、その他いろいろ select: 〜を選択する、選ぶ particular: 特定の、特別の

カルロス・ゴーン［日産・ルノー CEO］
「リーダーシップは技能として学べ」

ゴーン　ところが、フランスのやり方はまったく異なります。つまり、フランスのやり方ではね、最初にコンセプトについて、長い時間をかけて話し合います、戦略を練ったり、2つのシナリオを描いたり、「もしこちらならどうだろう……」といった検討を数多く重ねたりします。その後、長い討論のすえ、特定のシナリオを1つだけ選び、製造を担当する、誰かほかの人に引き継ぐようにするのです。いいですか。

　だから、そう。ええ、まったく違うんです。そして、言うまでもなく、この2つの違う文化の人たちが一緒に仕事をすると、誰も彼もが相手の弱点を指摘し始めます。いいですか。しかし……、提携することの強みは、いかにして従業員に「彼のやり方は私とは違う。彼から学べるところはどこだろうか」と考えさせられるかにあるのです。

---

debate:
議論、討論
hand A to B:
AをBに渡す、任せる
execute:
〜を実行する、遂行する

put...together:
…を一緒にする、ひとまとめにする
pinpoint to:
〜を正確に指摘する、細かく挙げる

weakness:
弱点、短所
strength:
強み、長所
differently from:
〜とは違って、異なって

Carlos Ghosn: Speaking of Leadership

■日産を復活させた要因

CNN　You did do a phenomenal job turning Nissan around. Why do you personally think you were so successful in turning it around?

Ghosn　Well, because, maybe, I had a plan that I worked with many people inside the company. So it was not my plan; it was a Nissan plan. And second, it was attractive, and we committed to deliver results from the plan, and the results showed up. So little by little, we...you know, everybody started to feel like a winner.

---

phenomenal:
驚くべき、驚異的な
turn...around:
…を再建する、好転させる

personally:
個人的に、自分としては
successful:
成功を収めた、成功している

attractive:
魅力的な、人を引きつける
commit to do:
〜することを約束する、誓う

カルロス・ゴーン ［日産・ルノー CEO］
「リーダーシップは技能として学べ」

CNN　あなたは日産を立て直すという、驚くべき仕事を成し遂げました。あなたご自身は、これほど成功裏に立て直せたのはなぜだと思いますか。

ゴーン　それはね、多分、社内の多くの人たちと一緒にプランをつくり上げたからでしょう。ですから、あれは私のプランではなく、日産のプランだったのです。そして第二に、それが非常に魅力的だったからです。私たちは懸命ににそのプランから結果を引き出すことに取り組み、結果が出ました。それで、少しずつ、私たち……その、従業員全員が勝者のような感覚を持ち始めたのです。

---

deliver:
〜を生み出す、実現させる
result:
結果、成果

show up:
現れる、出現する
little by little:
少しずつ、徐々に

feel like:
〜のような気がする、〜になった感じがする
winner:
勝者、成功者

Carlos Ghosn: Speaking of Leadership

■リーダーに必要な素質とは？

CNN   How can you tell if someone has leadership potential?

Ghosn   I would say the most important basic attribute is a capacity to connect with people. That's...that's, for me, fundamental. If you don't have this capacity to connect, I think you can be the most brilliant person, the mo...the smartest, the best expert, you know, you're gonna be handicapped by the fact that you'll not...you will not get the best out of the many people who are surrounding you.

CNN   The vast majority of people out there, Carlos, believe that leadership can be learned. W...What's your feeling?

Ghosn   It's a...it's a craft. It's craftsmanship. It's exercising. It's listening. I don't think anyone is born, but I think some people are interested in it. And that's why they're gonna practice it a lot, and they're gonna be very curious. And they're gonna look for the best practices, and they're gonna watch for people doing it very well.

---

potential: 潜在能力、将来性 **basic:** 基本的な、基礎的な **attribute:** （本来備えている）特質、特性 **capacity:** 能力、才能	**connect with:** 〜とつながりを持つ、〜と気持ちが通じる **fundamental:** 根本的な、重要な **brilliant:** 優秀な、優れた才能の **smart:** 賢い、利口な	**expert:** 専門家、熟練者 **handicap:** 〜を不利な立場に立たせる、〜に不利な条件を与える **fact that:** 〜という事実 **get the best out of:** 〜を最大限に活用する、〜から最高のものを引き出す

カルロス・ゴーン ［日産・ルノー CEO］
「リーダーシップは技能として学べ」

CNN リーダーとしての素質がある人物かを見分けることはできるのでしょうか。

ゴーン （リーダーにとって）最も重要な基本的特質は、人とつながりを持つ能力ではないでしょうか。これは、私にとって基本原理です。もし、人とつながりを持つ能力がなければ、たとえあなたが最も素晴らしい、最も頭脳明晰（めいせき）な、最高の専門家だとしても、そう、ハンデを背負うことになります、あなたの周りにいる大勢の人たちを最大限に活用することができないのですから。

CNN 会場の大多数の人たちは、カルロスさん、リーダーシップは学びとれるものだと考えています。あなたの感覚ではどうですか。

ゴーン それは技能なのです。職人技です。訓練することであり、耳を傾けることなのです。生まれつき持っている人はいなくて、一部の人がそれに興味を持つんだと思います。そのようなわけで、そういった人たちが数多くの練習を積み、ますます強い好奇心を抱きます。彼らは最高の実践の場を探し求め、非常に上手にリーダーシップを振るう人々をよく観察することでしょう。

（2008年10月号掲載）（訳　寺田百合子）

---

surround: 〜を囲む、取り囲む **the vast majority of:** 〜の圧倒的多数、〜の大半 **out there:** 世の中で、世間で **craft:** 技能、技術 **craftsmanship:** 職人的技術、職人芸	**born:** 生まれながらの、天性の **be interested in:** 〜に興味がある、関心がある **that's why:** それだから〜である、〜なのはそういうわけだ **practice:** ①〜を練習する、実践する ②練習、実践	**curious:** 好奇心の強い、知りたがりの **look for:** 〜を期待する、探し求める **watch for:** 〜を注意して見る、よく観察する

Bill Gates
Not Yet There

ビル・ゲイツ［マイクロソフト会長］
iPadを超える理想の端末を目指す

マイクロソフトの共同創業者でWindowsの生みの親であるゲイツ氏。宿命のライバル、アップル社に対する思いと、これからマイクロソフトが作ろうとしている理想の端末について、熱く語ってくれた！

【プロフィール】
1955年、ワシントン州シアトル生まれ。本名はWilliam Henry Gates III。マイクロソフトの共同創業者・会長。13歳でコンピュータープログラミングを始め、後にマイクロソフトをともに立ち上げた友人のポール・アレンとともに高校生のときにトラフォデータ社を創業。1973年にハーバード大学に入学するが、1975年に設立したマイクロソフトに全力を注ぐため中退。Windows 3.1、Windows 95を送り出し、世界1位の市場占有率となりその名を世界に知らしめる。2008年に経営の第一線から退き、ビル＆メリンダ・ゲイツ財団での活動に取り組む。

写真：アフロ

Bill Gates: Not Yet There

■ フェイスブックも活用中

CNN What do you think of Facebook?

Gates Well, Facebook...I've...I've got a...a fan page up there, and, you know, I'm using the Twitter stuff all the time. And it's actually...Both of those are letting me stay in touch with people, hear, you know, what do they think the foundation should be doing, expose some of the work for the foundation. When I take trips, I put up photos, and I narrate what I saw and what surprised me. And so it's really created a...a wonderful way for me to stay in touch on this foundation work.

not yet:《タイトル》まだ〜ない、今のところ〜ない **Facebook:** ▶世界最大のソーシャル・ネットワーキング・サービス (SNS)。 **have got:** = have	**fan page:** ファンページ ▶企業などがユーザーに向けて情報を発信するフェイスブック上の公式ページ。 **up there:** あそこに、あそこで **stuff:** (漠然とした) もの、こと	**all the time:** 四六時中、始終 **actually:** 実際に、本当に **stay in touch with:** 〜と絶えず連絡を取り合う、〜と交流し続ける

ビル・ゲイツ［マイクロソフト会長］
「iPadを超える理想の端末を目指す」

CNN　フェイスブックをどう思いますか。

ゲイツ　フェイスブックですか……あそこにはファンページを持っています。あとね、ツイッターなんかも始終、使っています。実際……どちらもいろいろな人と触れ合えるからね。ほら、うちの財団が何をすべきかいろいろな人の考えを聞かせてもらえるし、財団のための活動を見てもらうこともできるんです。旅行したら、写真をアップして、見たこと驚いたことについて書きます。だから、フェイスブックやツイッターは財団の活動について知ってもらう、本当に素晴らしい手段になっています。

foundation: 財団、基金　▶ここでは、ゲイツ夫妻が2000年に設立した慈善基金団体、ビル＆メリンダ・ゲイツ財団を指す。 **expose:** 〜を人に見せる、公開する	**take a trip:** 旅行する **put up:** 〜をネットに上げる、アップする **narrate:** 〜を順序立てて述べる、物語る	**surprise:** 〜を驚かす、びっくりさせる **create:** 〜を生み出す、つくり出す

Bill Gates: Not Yet There

■新しいテクノロジーの使い方には必ず問題が伴う

CNN Are there downsides to it?

Gates Oh, absolutely. We're not all, you know, all super heavy into Facebook. And, you know, Facebook…The boundaries of what should be private, what do you share with other people… You know, I certainly look at my kids' Facebooks accounts. They're young enough that that's still appropriate. No one knows should your parents a…be allowed to be your friend or not. And, you know, we're finding our way. You know, none of these new technologies come without some real issues that have to be thought through. How many hours do you want to let your kid use it? Are they just playing the games? What's that like? And, you know, we…we go through some of that as…as parents as well.

CNN What's your Twitter moniker?

Gates I'm "B"…"BillGates"… "BGates" at…on…on Twitter.

downside: マイナス面、欠点 **absolutely:** （質問に対して）もちろん、そのとおり **super:** とても、ものすごく	**be heavy into:** 〜に熱中している ▶口語ではheavyでも使われるが、文法的にはheavilyが正しい。 **boundary:** 境界、境界線 **share A with B:** AをBと分かち合う、AをBに伝える	**certainly:** 確実に、必ず **Facebooks accounts:** ▶Facebook accountsが正しい。 **appropriate:** 適切な、ふさわしい **be allowed to be:** 〜であることを許される、認められる

ビル・ゲイツ［マイクロソフト会長］
「iPadを超える理想の端末を目指す」

CNN 欠点はありますか。

ゲイツ ええ、もちろんです。みんながみんなフェイスブックに超夢中になっているわけじゃありませんしね。そうですね、フェイスブックだと、何がプライベートであるべきか、何を人と共有するかという境界線が……たとえば、子どもたちのフェイスブックのアカウントはやっぱりのぞいてしまうんですよね。みんなまだ子どもだから構わないんですが。親を「友達」にすべきかどうかなんて、一概には言えない。まあ、まだ模索しているところですがね。とにかく、こういった新しいテクノロジーには、熟慮すべき難しい問題が必ず伴うものです。たとえば、子どもに何時間ぐらい使わせたいか、子どもは本当にゲームをやっているだけなのか、そのゲームはどんなものなのか、とかね。そうやってね、僕たちはそういう問題のいくつかを経験していくんです、親としてもね。

CNN ツイッターでのユーザー名は何ですか。

ゲイツ ツイッターでは「BillGates」……「BGates」です。

friend: （フェイスブックの）フレンド、友達 **find one's way:** 苦労して進む、道を模索しながら進む **issue:** 問題、論点	**think through:** 〜をじっくり考える、熟慮する **go through:** 〜を通り抜ける、経験する **as well:** もまた、同様に	**moniker:** 呼称、ユーザー名 **"BGates":** ▶このように言っているが、正しいのは "BillGates"。

Bill Gates: Not Yet There

■アップルの成功について

CNN Speaking of computers and technology—your reaction to Apple's amazing run of success. Is...is jealousy involved, or is...?

Gates No. Apple got started about three years after Microsoft, and they've had some huge ups and downs. I wrote a BASIC for the very first Apple II computer. Microsoft wrote more applications for the Macintosh than in any other company.

And so we both compete—Windows versus Mac—and we've done applications for them. So it's great to see, you know, technology companies who are very successful. There's room for lots to be successful. And we'll compete, and that's a great, great thing. So they've done well. There, you know...there was a period where it looked like they wouldn't even survive. So the...the ups and downs of technology are incredible.

speaking of: 〜といえば **reaction to:** 〜に対する反応 **amazing:** 驚くべき、すごい **run of:** 〜の連続、続けての〜	**jealousy:** 嫉妬（しっと）、やきもち **involved:** 伴われている、かかわりのある **huge:** 大規模な、非常に大きな **ups and downs:** 浮き沈み、栄枯盛衰	**BASIC:** = Beginners' All-purpose Symbolic Instruction Code ▶コンピューターのプログラミング言語のひとつ。 **Apple II:** ▶アップルから1977年に発売されたコンピューター。

ビル・ゲイツ［マイクロソフト会長］
「iPadを超える理想の端末を目指す」

CNN コンピューターとテクノロジーといえば——アップルの目覚ましい成功の連続に対するあなたの反応ですが、嫉妬はありますか。それとも……？

ゲイツ とんでもない。アップルの創業はマイクロソフトより3年ほど遅くて、あちらには何度か激しい浮き沈みがありました。あと、僕は最初期のAPPLE II用のBASICを書いていました。マイクロソフトがMacintosh用に書いたアプリケーションはほかのどの会社よりも多いぐらいです。

　それで僕たちは競争しながら——Windows対Macで——、うちはMac用のアプリケーションも作成していた。まあ、大成功しているテクノロジー企業を見るのはうれしいものですよ。多くの会社に成功する余地がある。そしてこれからも競争していくのでしょうね。それは本当に素晴らしいことですよ。とにかく、アップルはうまくやってきた。確かに、一時は存続さえ危ぶまれたときもありましたが。まあ、テクノロジーの浮き沈みはものすごいということです。

---

application: 応用ソフトウエア、アプリ	**successful:** 成功を収めた、成功している	**look like:** 〜のように見える、思える
compete: 競争する、張り合う	**room:** 余地、可能性	**survive:** 生き延びる、存続する
A versus B: A対B	**do well:** うまくいく、好結果を出す	**incredible:** 信じられないほどすごい、途方もない
	period: 期間、時期	

Bill Gates: Not Yet There

■スティーブ・ジョブズとは楽しく戦った

CNN   You like Steve Jobs?

Gates   Absolutely. Steve's brilliant, done very good work. The times we have gotten to work together, intensely on some Apple II work and then Macintosh, we enjoyed sparring with each other. We have different strengths but, you know, we both love the industry.

CNN   Is this a case, because of the industry, where advances help other advances?

Gates   Yeah.

CNN   'Cause you're in a kind of joint thing.

Gates   Well, yes. When one company does well, that can kind of spur the other on. You know, we're the two companies that really got this graphics interface to be mainstream, which was a very big deal. And, you know, we both had a vision that it needs to be low cost, very easy to use. So, you know, it's been a revolution. He's a little bit older than I am but ab...but about the same age.

Steve Jobs:
スティーブ・ジョブズ ▶アップルの共同創業者で前CEO。2011年10月に病死。
brilliant:
優秀な、秀れた才能の
intensely:
熱心に、猛烈に
spar with:
〜と口論する、論争する

strength:
強み、長所
industry:
産業、事業
case:
実例、事例
advance:
進歩、前進
'cause:
= because

a kind of:
〜のようなもの、一種の〜
joint:
共同の、合同の
kind of:
多少、いくぶん
spur...on:
…を刺激する、励ます

ビル・ゲイツ［マイクロソフト会長］
「iPadを超える理想の端末を目指す」

CNN　スティーブ・ジョブズさんは好きですか。

ゲイツ　もちろん。スティーブは才気あふれる人だ。本当に素晴らしい仕事をしていますよ。一緒に仕事をする機会があって、Apple IIに熱心に取り組んだあとMacintoshの仕事もしていたのですが、そのたびに、お互い議論を戦わせるのが楽しくてね。僕たちの強みは違うけれど、ほら、どっちもこの業界が大好きだから。

CNN　ある進歩が別の進歩を促すという、この業界ならではの事例でしょうか。

ゲイツ　ええ。

CNN　（運命を共にした）共同体のようなものですからね。

ゲイツ　そうですね、ええ。1社がうまくいくと、それが他社を刺激するわけです。ほら、グラフィカルインターフェースを主流にしたのは僕ら2社で、これはものすごいことでした。それから、コストを抑えてなおかつ非常に操作しやすくする必要がある、という考え方も一緒だった。つまり、革命でした。スティーブのほうがほんのちょっと年上だけど、まあ、同い年ですしね。

---

graphics interface: = graphical user interface　グラフィカルユーザーインターフェース　▶コンピューター使用時、情報の表示にグラフィックを多用して、基礎的操作の大部分をマウスによって行うことができるユーザーインターフェースのこと。略称GUI。	**mainstream:** 主流、本流 **big deal:** 一大事、大変なこと **vision:** （将来への）展望、構想、見通し **low cost:** 低価格の、安価な	**revolution:** 革命、大変革 **a little bit:** ほんの少し、ちょっとだけ

Track 28

Bill Gates: Not Yet There

■ iPadより完ぺきな端末を開発中

CNN   And what do you make of the newest thing, the iPad?

Gates   Well, eventually, we want a device where we can browse and read and edit documents. Nobody's got that yet. The Windows PC keeps getting smaller and better. There's specialized reading devices, like the Kindle, now the iPad. We're all trying to get to something that you'd just love to take to a meeting and use, and it's not...not quite...

CNN   Not there yet?

Gates   No, not quite. 'Cause you need to...you need to have input. You need to take notes and edit and things and...Microsoft and a bunch of other companies are working on getting that final, ultimate product.

CNN   Do you like the iPad?

Gates   Oh, I think...It still isn't the device that I would take to a meeting, because it just has no input.

CNN   So what are...what are you looking for? The perfect thing?

Gates   Well, yes, where I can use the pen, where I can use voice. There are solutions. And in the labs, they're starting to look very good.

make A of B: BをAと思う、Aだと判断する **eventually:** 結局、最終的に **device:** 機器、端末装置 **browse:** インターネットを閲覧する、ブラウズする	**edit:** 〜を編集する **document:** 文書、ドキュメントファイル **keep doing:** 〜し続ける **specialized:** 特化された、専用の	**get to:** 〜に到達する、至る **would love to do:** ぜひとも〜したい **take A to B:** AをBに持っていく、持ち込む **not quite:** そこまでではない、今ひとつだ

ビル・ゲイツ［マイクロソフト会長］
「iPadを超える理想の端末を目指す」

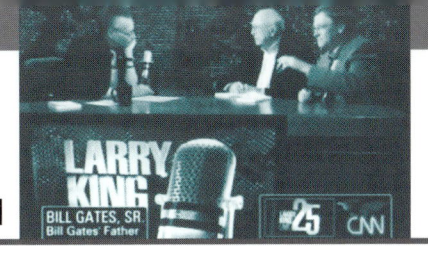

CNN 最新製品のiPadをどう思いますか。

ゲイツ そうですね、最終的に欲しいのは、ネットも見られて、書籍も読めて、文書の編集もできる端末ですよね。それはまだ誰も作っていない。Windowsのパソコンはどんどん小型化して、高性能になっています。書籍を読むのに特化した端末もある。Kindleとか、今はiPadもありますし。僕たち皆が作ろうとしているのは、会議に持っていって使うのに理想的なものなんですが、これがなかなか……

CNN まだそこまでいかない？

ゲイツ そう、いかない。やっぱり入力できないとだめですよ。メモを取ったり文書を編集したりできないと。マイクロソフトをはじめほかのいろいろな会社も、そういった最終的な、究極の製品を作るべく取り組んでいるんです。

CNN iPadは好きですか。

ゲイツ ええと、そうですね……まだ会議に持っていきたくなるような端末とはいえないですね。入力機能がないから。

CNN では、何を……求めるものは何ですか。完ぺきなもの？

ゲイツ ええ、そうです。ペンも使えて、音声も使えるもの。解決策はあるんです。うちの研究所では、かなりいいものになってきています。

（2010年10月号掲載）（訳　安野玲）

---

input:
入力装置、入力機能
take notes:
ノートを取る、メモを取る
a bunch of:
たくさんの、かなりの
work on:
〜に取り組む、〜を検討する

final:
最終的な、決定的な
ultimate:
究極の、最高の
product:
製品、商品
look for:
〜を期待する、探し求める

solution:
解決策、解決法
lab:
＝laboratory　研究所

Jim Skinner
A Matter of Choice

ジム・スキナー［マクドナルドCEO］
重要なのはお客さまの選択肢

肥満やメタボに悩む現代人の健康志向に、果たしてマクドナルドは応えられるのか？ サラダやフルーツを中心としたヘルシーメニューの開発などについて、マクドナルドCEOのジム・スキナー氏が語る！

【プロフィール】
1944年、イリノイ州生まれ。10年間、海軍に勤務した後、1971年、マクドナルド入社。入社当時は店長見習いとしてキャリアをスタートさせた。アジア、ヨーロッパ、中東などの経営戦略に携わり、2001年、COO(最高執行責任者) 就任。2003年には世界で2番目に大きい市場である日本マクドナルド社の責任者となる。2004年、CEO就任。就任時には500億ドルだった収益を、2008年には700億ドルにまで伸ばすなど、そのリーダーシップと経営手腕には定評がある。

写真：AP/アフロ

Jim Skinner: A Matter of Choice

■国際市場の重要性が高まっているのでは？

CNN　Well, in those two decades since Russia took its first bite, McDonald's has survived everything from health concerns to a global recession. Matthew Chance sat down with CEO Jim Skinner and asked him if the international market is becoming more important for McDonald's than perhaps the U.S.

Skinner　It's very important, the international markets. More than half of our restaurants are outside the United States. But let's not forget: the United States has 14,000 McDonald's, and we're 85 percent franchised there, and we're 80 percent franchised around the world. As I like to say, the United States is still the big dog in the pound.

a matter of choice:《タイトル》①選択可能なこと、選択の余地　②選択の問題、好みの問題	**decade:** 10年間　▶those two decadesとは、マクドナルドがロシアに進出してからの20年を指している。**take a bite:** 一口かじる、一口食べる	**survive:** 〜を乗り切る、切り抜ける **health concern:** 健康の心配、健康問題 **global recession:** 世界的景気後退、世界同時不況

ジム・スキナー [マクドナルド CEO]
「重要なのはお客さまの選択肢」

CNN さて、ロシアが初めの一口を体験してからの20年の間に、マクドナルドは、健康問題から世界的景気後退に至るまで、あらゆる困難を乗り越えてきました。マシュー・チャンス記者がCEOのジム・スキナー氏にお会いし、マクドナルドにとってはもしかしたらアメリカ国内市場よりも国際市場のほうが重要になりつつあるのではないかという点について、お話をうかがいました。

スキナー 大変重要ですよ、国際市場は。当社の店舗の半数以上がアメリカ以外の地域にあるんです。でも、このことは忘れないようにしましょう。アメリカにはマクドナルドが1万4000店あって、そのうちの85％がフランチャイズでの展開なのです。世界全体では80％がフランチャイズです。ですから、アメリカはやはり今も対象地域中いちばん重要な存在だといっていいでしょう。

sit down with:〜と話し合う、〜とひざを交える**international market:**国際市場**perhaps:**多分、もしかすると	**forget:**〜を忘れる、無視する**franchised:**フランチャイズ展開された、フランチャイズ契約の	**big dog:**大物、成功者**pound:**動物収容所、動物愛護センター

Track 30

Jim Skinner: A Matter of Choice

■アメリカでの売り上げが落ちているのでは？

CNN　But there has been a drop in sales in those McDonald's outlets in the United States, hasn't there? I think it was down 0.1 percent in new restaurants opened in the past 13 months, according to the figures I've looked at. What's your plan to turn those figures around?

Skinner　Well, first of all, we have to look at where we started. The United States has had seven consecutive years of same-store sales growth. They had same-store sales growth in 2009 to almost 3 percent. And those figures that everybody's so happy to state about the fact that there might be a downturn are just not factual.

---

drop in sales:
売上高の減少、落ち込み
outlet:
販路、販売店
down:
落ち込んでいる、下がった
past:
過去の、これまでの

according to:
〜によると、〜に従うと
figure:
数字
look at:
〜を見る、〜に目を向ける
turn...around:
…を立て直す、好転させる

first of all:
まず第一に、何より先に
consecutive:
連続した、継続的な　▶seven consecutive yearsとは、スキナー氏がCEOに就任して7年連続ということを指していると思われる。

ジム・スキナー [マクドナルドCEO]
「重要なのはお客さまの選択肢」

CNN しかし、そのアメリカのマクドナルドの店舗で、売り上げが減少していますよね。この13カ月の間にオープンした新店舗では、確か0.1％のダウンだったはずですよ、私が調べた数字によると。そうした数字を上向かせるのに、あなたはどのようなプランをお持ちですか。

スキナー まあ、まず第一に、われわれは出発点（7年前）に戻って考えなければなりません。アメリカでは、同一店舗売上高は7年連続で伸びているんです。2009年の同一店舗売上高は3％弱の伸びでした。ですから、みんなが喜々として挙げるそういう数字は、マクドナルドの売り上げ低下の可能性を示すという意味では、まったく事実でないのです。

---

same-store sales:
同一店舗売上高、既存店売上高
growth:
成長、伸び
state:
〜を公言する、明言する

fact that:
〜という事実
might:
〜かもしれない、〜の可能性がある

downturn:
（売上などの）低下、悪化
factual:
実際の、事実に基づいた

Jim Skinner: A Matter of Choice

■健康志向の消費者の支持を失っているのでは？

CNN　Do you not get the sense, though, that the McDonald's product in the United States has kind of fallen out of favor with, perhaps, more health-conscious consumers, that it's not fashionable anymore to eat in McDonald's?

Skinner　Absolutely not. People are not...they're trading into McDonald's. The guest-count growth in new visits has grown every one of those seven years, including last year, because the everyday affordability and value represented at McDonald's across the menu, the choice on the menu—all of those things have, on the contrary, kept us fashionable.

CNN　You've made significant changes, though, to the kinds of products that McDonald's sell. I mean, I've noticed over the past five, 10 years, you know, the salads, the other things that've come on the menu. Has that been transferred overseas as well?

Skinner　Yes.

---

get the sense that: 〜という感触を得る、〜ということを感じ取る **though:** そうはいうものの、しかしながら **product:** 製品、商品 **kind of:** 多少、いくぶん	**fall out of favor with:** 〜のお気に入りでなくなる、〜からの人気がなくなる **health-conscious:** 健康に関心の高い、健康志向の **consumer:** 消費者 **fashionable:** 流行の、おしゃれな	**anymore:** もう、もはや **Absolutely not.:** 《返事して》とんでもない、絶対に違う **trade:** 取引する、買い物をする **guest-count:** 集客数の

ジム・スキナー [マクドナルド CEO]
「重要なのはお客さまの選択肢」

CNN そうはいっても、感じておいでなのではありませんか、マクドナルドの商品はアメリカではひょっとすると健康志向の強まった消費者から支持を多少失ってしまったかもしれないとか、マクドナルドで食べるのはもうはやらないのかもしれないとかって。

スキナー とんでもない。皆さん……新しいお客さんが他店からマクドナルドに来てくださっています。新規ご来店によるお客さまの増加率は、この7年間、毎年伸びているんですよ、去年も含めて。だって、マクドナルドのメニューに載っている商品はどれも毎日無理なく買えるようなお得感のある価格ですし、メニューの選択肢も多いですから――これらすべての点から、はやらないどころか、依然として人気が高いんですよ。

CNN それでも、あなたはマクドナルドで販売する商品の種類を大幅に変更なさいましたね。つまり、ここ5年、10年あまりを見れば分かりますが、サラダなどがメニューに登場しています。これは海外でも同じような展開になっているんですか。

スキナー はい。

visit: 訪問	**choice:** 選択、選択肢	**I mean:** つまり、要するに
including: 〜を含めて、〜などの	**on the contrary:** それどころか、逆に	**notice:** 〜に気づく
affordability: 値ごろ感、手ごろな価格	**make a change:** 変更を加える、変化を起こす	**transfer:** 〜を展開する
value: 買い得、買い得感	**significant:** 大幅な、かなりの	**overseas:** 海外へ
represent: 〜を表す、示す	**McDonald's sell:** ▶McDonald's sells が正しい。	**as well:** もまた、同様に

世界のトップ経営者に聞く! 77

Jim Skinner: A Matter of Choice

■大切なのはメニューの品数を増やすこと

CNN Do you sense there is a greater health-consciousness with the people that you're selling to?

Skinner Well, I think what...what...wh...what...w...d...you're describing is the fact that we expanded the choice on the menu. One of my goals as the CEO of the company was to do a better job around what we call "balanced, active lifestyles" so that we have choices on the menu, Matthew, that you can come in and then you decide what it is you want to eat that fits your lifestyle.

And it's about choice. It's not about changing the food; it's about adding items on the menu that make you feel better. So whether it's a Premium salad or whether it's fruit for the kids, fruit...Happy Meals and the...and the fruit bags a...or vegetables or the kinds of things that people feel good about eating... Many people come and they feel good about eating a Big Mac. We're not changing that.

sense (that): 〜だということに感づく、〜だということを感じ取る **health-consciousness:** 健康に関心の高いこと、健康志向	**describe:** 〜を述べる、表現する **expand:** 〜を広げる、拡大する **goal:** 目標、目的	**do a good job:** うまくやり遂げる、うまくやる **balanced:** 均衡のとれた、偏りのない **active:** 活動的な、生き生きとした

ジム・スキナー [マクドナルド CEO]
「重要なのはお客さまの選択肢」

CNN それは、マクドナルドがターゲットにしている消費者の健康志向の高まりを感じておいでだからですか。

スキナー そうですね、思うのですが……あなたがおっしゃっているのは、マクドナルドのメニューの選択肢が広がったということですね。マクドナルドのCEOとしての私の目標のひとつは、われわれが掲げる「バランスのとれた、活動的なライフスタイル」のためにもっと貢献したいということだったんです。だからこそ、メニューの選択肢を増やしたんですよ、マシューさん。店に入って、自分のライフスタイルにぴったりのものを選んで、食べられるようにね。

　だから、重要なのは選択肢です。食べ物の味を変えるのではなく、メニューの品数を増やして、お客さまにより一層ご満足いただけるようにすることが大切なんです。つまり、プレミアムサラダとか、子ども用セットのフルーツ、つまりハッピーミールのフルーツバッグとか野菜などの、食べてよかったと思っていただけるものですが……それでも、たくさんの方がビッグマックを食べて満足してくださっています。そこを変えるつもりはありませんよ。

---

lifestyle: 生活様式、生き方 **so that:** それゆえ、だから **Matthew:** ▶CNNの質問者の名前。	**decide:** ～を決める、決定する **fit:** ～に合う、適合する	**add:** ～を加える、追加する **item:** 品目、商品の種類

Jim Skinner: A Matter of Choice

■ どのメニューにもお得感がある

CNN   It's still much more expensive, though—McDonald's restaurants—isn't it, to eat a salad than it is to eat a Big Mac. In this restaurant here it's, what, 70 rubles, a couple of dollars, for a Big Mac. It's $3.50 for a salad.

Skinner   Yes, well, our Premium salads are a value offering, however, at McDonald's, compared to every place else that you would go to eat a salad. And I think the idea on the value on the menu...We have value across the menu, all the way from the Dollar Menu to Premium sandwiches and Premium salads. We introduced Angus burger; that's a $4 hamburger. We've introduced some big sandwiches here in Europe which the customers favor. And they are value-offering as well, for the price point that you pay for those. And it's just a matter of choosing what it is you want to eat.

---

expensive: 高価な、高い	**offering:** 提供されるもの、売り物	**else:** そのほかの、他の
ruble: ルーブル ▶ロシアの通貨単位。	**however:** しかし、けれども	**idea:** 考え方、着想
a couple of: 2〜3の、少数の	**compared to:** 〜に比べて、〜と比較すると	**all the way from A to B:** AからBまですべて

ジム・スキナー [マクドナルド CEO]
「重要なのはお客さまの選択肢」

CNN とはいえ、やはりかなり割高になりますよね──マクドナルドの店舗の場合──サラダを食べるほうがビッグマックを食べるよりも。(ロシアの)この店舗では、ビッグマック1個がたしか70ルーブル、つまり2ドルぐらいです。サラダだと3ドル50セントもしますね。

スキナー ええ、ですが、マクドナルドのプレミアムサラダはお安く提供しているんですよ、サラダが食べられるようなほかの場所と比べて。つまり、メニューのお得感というのは……マクドナルドのメニューはどれでもお得感があるんです、1ドルメニューからプレミアムサンドイッチやプレミアムサラダに至るまで、どれでもね。われわれはアンガスバーガーをメニューに取り入れました。これは4ドルのハンバーガーです。ここヨーロッパでは、大きめのサンドイッチを導入しました。これはお客さまにも気に入っていただいています。これらもお買い得ですよ、内容と値段を考えればね。結局は、自分の食べたいものを選ぶという選択の問題なんです。

(2010年12月号掲載)(訳　安野玲)

---

introduce:
〜を導入する、取り入れる
customer:
顧客
favor:
〜を気に入る、好む

value-offering:
お買得商品の、お徳な提供価の
price point:
買う気になる価格、商品が売れる価格

pay for:
〜の代金を支払う、代価を払う
choose:
〜を選ぶ、選択する

Hiroshi Mikitani
English Holds the Key

三木谷浩史［楽天会長兼社長］
英語公用語化で日本の未来を変える

日本最大級のインターネット・ショッピングサイトを運営する楽天。「2012年末までに社内で使用する言語を英語にする」と発表した会長兼社長の三木谷浩史氏に、英語公用語化の意図するところについて尋ねた。

【プロフィール】
1965年兵庫県神戸市生まれ。楽天株式会社の創業者で代表取締役会長兼社長。1988年、一橋大学を卒業し、現みずほコーポレート銀行の日本興業銀行に入行。1993年にハーバード大学経営大学院を修了しMBAを取得。興銀退職後、1997年に株式会社エム・ディー・エム（現・楽天）を設立。2011年にはフォーブス誌の日本人富豪ランキング5位にランクイン。1997年にスタートさせた「楽天市場」は現在では出店社数1万を超える日本最大の電子商店街に成長。2004年にはプロ野球に参入し、東北楽天ゴールデンイーグルスが誕生し話題を呼んだ。

写真：©時事

Hiroshi Mikitani: English Holds the Key

■なぜ社内英語公用語化なのか？

CNN　Let's begin our conversation by talking about something that Rakuten has made a lot of headlines with: trying to make English the official corporate language by 2012. C...can you explain the philosophy behind it?

Mikitani　Well, obviously, you know, it's kind of challenging for us as a service company to become global. And I think one of the main reason is communication. Most of Japanese company, at headquarter level, they use just Japanese. And then, it's going to be very difficult for foreign executives to really feel that they are part of our organization. At the same time, it's very important for us to share the expertise and knowledge across the organization, a...across the countries, because there're so many business we do across the boundaries. So I think this is the only way the service...Japanese service company can really truly become the global organization.

hold the key: 《タイトル》カギを握る、カギとなる **conversation:** 会話、対談 **make headlines:** 大ニュースになる、世間の注目を浴びる	**official corporate language:** 社内公用語 **philosophy:** 哲学、基本的な考え方 **obviously:** 明らかに、言うまでもなく	**kind of:** 多少、いくぶん **challenging:** 厳しい、難易度の高い **global:** 国際的な、世界的規模の **headquarter(s):** 本社、本部

三木谷浩史［楽天会長兼社長］
「英語公用語化で日本の未来を変える」

CNN まずは、トップニュースで楽天がさまざまに取りあげられた件についてお話をうかがいましょう。2012年までに英語を社内公用語にするということですが、その背景にある考え方を教えていただけますか。

三木谷 そうですね、われわれのようなサービス企業が世界に進出するというのは、当然、厳しいものがありましてね。最大の理由は、ひとつにはコミュニケーションだと思うんですよ。日本の企業の大半は、本社レベルでは日本語しか使いません。それだと、日本人以外の幹部社員が心からその企業の一員だと感じるのはかなり難しいでしょう。加えて、企業全体で、国に関係なく、専門技術や知識を共有することも非常に重要です。分野を超えてさまざまな業務を行うわけですから。ですから、これが唯一の方法だと思うんですよ、日本のサービス企業が真の意味でのグローバル企業になるために。

---

executive:
幹部、役員
be part of:
〜に携わる、〜の一員である
organization:
組織、機構

at the same time:
それと同時に、それに加えて
share:
〜を共有する、分かち合う
expertise:
専門知識、専門的技術

knowledge:
知識、情報
boundary:
境界、境界線
really trully:
本当に本当に

Hiroshi Mikitani: English Holds the Key

■日本人は英語力の基礎はできている

Lah   You fully believe it? We were at the morning meeting…

Mikitani   I…more and more. We have been doing this for, what, like, eight months. And more and more, I'm getting more confident, and I…I'm getting more confident about the idea, and I'm getting more confident that we can make it happen.

CNN   In the morning meeting, you hold it in English. Looking at some of the employees' faces, it looks like there's a bit of growing pains, as if they…they don't quite understand everything. What are some of the challenges in trying to become a English-only…English-language-only corporation?

Mikitani   Well, you know… So, the other reason why, I think, we are doing this is I believe that most of Japanese, if they spend a reasonably good amount of time learning, will be able to communicate in English. If you think about how many hours Japanese study English from junior high to universities, it's about 3,000 hours. And so I…I think they have the fundamentals. But I think it's … it's… They're almost there, but we need a breakthrough. So I…I think if he…if he…they study about, you know, 700 to 1,000 hours more, I think they will be able to communicate.

---

fully:
完全に、まったく
more and more:
ますます、どんどん
get confident:
自信を持つ

make it happen:
実現させる
hold:
（会議などを）開く、開催する
employee:
従業員、社員

a bit of:
少しの、ちょっとの
growing pains:
（計画や目的を達成するための）
産みの苦しみ

三木谷浩史［楽天会長兼社長］
「英語公用語化で日本の未来を変える」

ラー　自信は100％あるんですか。朝の会議の様子を拝見しましたが……

三木谷　私は……ええ、今までよりもっとね。この取り組みを始めて、そうですね、8カ月になりますか。ますます自信を深めました。この考えに対する確信も強まりましたし、実現できるという確信も強まりましたね。

CNN　朝の会議は英語で行われていましたが、社員の顔を見渡したところ、中には少々つらそうに見える人もいました。いまひとつ理解できていないという雰囲気でした。社内で英語だけを使うことにした場合、難しいのはどういう点でしょうか。

三木谷　そうですね……どうしてこんなことをするのかというもうひとつの理由ですが、日本人の大半は、学習にそれ相当の時間をかければ、英語でコミュニケーションが取れると思うからです。日本人が中学校から大学までで何時間ぐらい英語を勉強すると思います？　約3000時間ですよ。ですから、基礎はあるはずなんです。ですが、たぶん……そうです、あと一歩のところまで来ているんです。でも、壁を打ち破ることが必要だ。だから、あと、そうですね、700時間から1000時間もがんばれば、コミュニケーションが取れると思うわけですよ。

---

not quite understand: 〜がどうもよく分からない	**reasonably:** 適度に、相応に	**fundamental:** 基本、基礎
most of: 大部分の、大半の	**a good amount of:** かなりの、相当の	**be almost there:** あと一歩だ、もうすぐだ
spend...doing: …（時間など）を〜して過ごす、〜するのに…を費やす	**communicate:** 意思の疎通を図る、理解し合う	**breakthrough:** 突破口、飛躍

Hiroshi Mikitani: English Holds the Key

■強引なぐらいでなければ目標は達成できない

CNN　Is it a little extreme to say that you want to get there by 2012? A little quick?

Mikitani　Maybe, yes. But, you know, without aggressive goal, I don't think we going to get there. So we will push it very hard. And this is Internet business; we don't have much time. If you think about global competitions, there are so many strong players—global players, local players—and we need to compe...compete against them. And "English-nization" is part of it.

extreme: 極端な、行き過ぎの get there: 目標を達成する、成功する	quick: 急な、せっかちな maybe: 多分、もしかしたら	aggressive: 強引な、攻めの goal: 目標、目的

三木谷浩史 [楽天会長兼社長]
「英語公用語化で日本の未来を変える」

CNN 2012年までにその目標を達成しようというのは少し極端ではありませんか。早急に過ぎませんか。

三木谷 そうかもしれません。ですが、強引なぐらいの目標がなければ、達成できないと思うんです。だからこそ積極的に推し進める。なにしろインターネット業界ですからね。時間があまりない。世界を相手に競争するともなれば、強力なライバルもたくさんいます──世界にも、国内にも。われわれはそういう相手と競わなくてはならないんです。「英語化」はその一端ですね。

---

push:
〜を推し進める
global competition:
国際競争

local:
地元の、国内の

compete against:
〜と競争する、張り合う

Track 37

Hiroshi Mikitani: English Holds the Key

■メーカーなどとは国際化の必要性に違いがある

CNN It's really touched off a...a lot of discussion here within Japan and in many of the business people in the community. The CEO of Honda, even, very loudly and publicly said—and this is his quote—that "it's stupid for a Japanese company to only use English in Japan, where the workforce is mainly Japanese." Wh...what do you say to the business community within Japan who feels that way?

Mikitani Well, you know, Honda and our sales are totally different. They are product-based manufacturing company. Their, you know, mai...mai...main strategy is to export the...the...the final product. Our business is to provide service to the corporate clients as well as to the end user. So the nature of the business is totally different. And if we want to become successful in other countries, we need to internationalize our headquarters.

touch off: （怒り・事件などを）引き起こす、誘発する **loudly:** 大声で、声高に **publicly:** 公然と、公的に	**quote:** 引用、引用文 **stupid:** ばかな、愚かな **mainly:** 主に、主として **workforce:** 労働力、全従業員	**What do you say to...?:** …をどう思うか **sales:** 販売活動 **totally:** まったく、何から何まで **product-based:** 製品主体の

世界のトップ経営者に聞く！

三木谷浩史 [楽天会長兼社長]
「英語公用語化で日本の未来を変える」

CNN 今回の試みはかなり物議をかもしていますね、日本全体でも日本のビジネス界でも。ホンダのCEOでさえも、こんなふうに公言してはばかりません——発言をそのまま引用しますと、「日本企業が日本国内で全部英語なんてバカな話はない。働いているのはほとんど日本人なんだから」。日本国内のビジネス界でのこういう反応についてはどう思いますか。

三木谷 そうですね、ホンダとわれわれの商売はまったく違います。あちらは製品主体の製造業ですからね。主要戦略は最終製品の輸出です。一方われわれの仕事は、法人顧客ならびにエンドユーザーへのサービスの提供です。業務の性質がまったく違いますからね。他国でも成功しようと思ったら、本社を国際化しなくてはならないんです。

---

manufacturing company:
製造会社、メーカー
strategy:
戦略
export:
〜を輸出する
final product:
最終製品

provide:
〜を提供する、供給する
corporate client:
法人顧客
A as well as B:
AもBも、AのほかにBも
end user:
末端使用者、最終消費者

nature:
特質、本質
successful:
成功を収めた、成功している
internationalize:
〜を国際化する

Hiroshi Mikitani: English Holds the Key

■新たな市場に参入するために

CNN   Would you call yourself a Japanese company or a global company?

Mikitani   We are a global company started from Japan.

CNN   And you have to look at it that way in today's economy?

Mikitani   Well, obviously, if you think about the size of Japanese economy, or consumer market, we used to have 15, 16 percent of global market; now it's below 10; it's going to go below 5 in the future. It is, you know, kind of obvious that we need to be in other markets.

| call A B:
AをBと呼ぶ、称する
that way:
そのように、そんなふうに | economy:
経済、経済活動 | consumer market:
消費者市場 |

三木谷浩史［楽天会長兼社長］
「英語公用語化で日本の未来を変える」

CNN ご自身の会社を呼ぶときは日本企業ですか、それともグローバル企業ですか。

三木谷 日本で創設されたグローバル企業ですね。

CNN こんにちの経済活動のなかでは、そのように考えざるをえないということですか。

三木谷 そうですね、確かに、日本の経済というか、消費者市場の規模を考えますと、かつては世界市場の15、6％を占めていたわけです。それが今は10％に満たない。いずれ5％を切るでしょうね。つまり、新たな市場に参入する必要があるのは一目瞭然なんですよ。

used to do: よく〜したものだ、かつては〜していた	in the future: 将来は	obvious: 明らかな、疑う余地のない

Hiroshi Mikitani: English Holds the Key

■英語公用語化の広がりが日本の将来に影響を及ぼす

CNN What is the current state of Japan, would you say, as far as the economy and corporate Japan?

Mikitani Well, I...I think, you know, in absolute terms, we are, you know, lagging...we are slowing down. But in relative terms, other countries has its own problem as well. So I don't think we need to be so pessimistic, but our window is not so long.

CNN So what needs to change?

Mikitani Well, we need to have more global mindset. So one of the...the reason why I'm pushing this English-nization project is we are gonna make this successful in my company, and then other company will follow, and then maybe in the future it's gonna have some influence over...o...all over Japan.

---

current:
現在の、最新の
state:
状態、状況
as far as:
〜に関しては、〜に関する限り

corporate Japan:
日本株式会社、日本の産業界
in absolute terms:
絶対的には
lag:
弱まる、衰える

slow down:
停滞する
in relative terms:
相対的には

三木谷浩史 [楽天会長兼社長]
「英語公用語化で日本の未来を変える」

CNN 現在の日本の状態ですが、どう思われます？ 日本の経済と企業の状態について？

三木谷 そうですね、絶対的には弱まっています。停滞しています。ですが、相対的には、他国もやはりそれぞれ問題を抱えています。だから、そんなに悲観的になる必要はないんです。とはいえ、(日本の経済状況を改善する)好機はそう長くは続かないでしょうが。

CNN では、何を変える必要があるでしょうか。

三木谷 そうですね、もっとグローバルな視点を持つ必要がありますね。英語化プロジェクトを推し進める理由のひとつは、これがわが社で成功し、他社も同じように取り組めば、将来的には日本全体に何らかの影響を及ぼすかもしれないからです。

(2011年5月号掲載)(訳　安野玲)

as well: もまた、も同様に **pessimistic:** 悲観的な、悲観主義の	**window:** 好機、チャンス **mindset:** 考え方、ものの見方	**follow:** 後に続く、後ろについてくる **have some influence over:** 〜に何らかの影響を及ぼす

Jack Dorsey & Biz Stone
Magical Versatility

ジャック・ドーシー&ビズ・ストーン［Twitter共同創業者］
ユーザーが開発者の想像を超えていく

現在、世界で約2億人、日本では約1400万人ものユーザーが利用していると言われる「Twitter」。今やテレビや新聞などの既存メディアと肩を並べる存在となったTwitterの魅力を、共同創業者の2人が熱く語る！

【プロフィール】
ジャック・ドーシー 1976年、ミズーリ州生まれ。Twitterの共同創業者兼会長。ニューヨーク大学在学中にTwitterのアイデアを思いついた。ストーンとTwitterのプロトタイプを約2週間でつくり上げ、エヴァン・ウイリアムズ（現CEO）の投資を取り付けた。
ビズ・ストーン 1974年、マサチューセッツ州生まれ。Twitterの共同創業者。Googleのブログサービス「Blogger」など数々のネットビジネスを立ち上げる。2006年にドーシー、ウイリアムズとともにTwitterを設立。

写真：©Getty Images（左がドーシー、右がストーン、中央はもう1人の共同創業者のウイリアムズ）

Track 40

Dorsey & Stone: Magical Versatility

■ツイッター人気が広まる速さは想定外

CNN   It took three years for you to get the first tweet to the billionth tweet. It now takes users one week to send a billion tweets. Did you ever imagine in your wildest dreams that you would have that kind of spread?

Dorsey   It's...it's extremely humbling to see how quickly...the velocity of the service, how it's taken off. And it gets faster and faster every single year, every single day that goes on. I think, early on, we knew how engaging it was a...and how just magical it felt, but we had no idea what the users would do with it.

---

magical:《タイトル》魔法のような、魅力的な **versatility:**《タイトル》融通性、多用途性 **It takes A for B to do.:** Bが〜するのにA（時間など）を必要とする、Aだけかかる	**tweet:** ツイート、つぶやき **billionth:** 10億番目の　▶最初のツイートから10億ツイートまでに3年2カ月と1日を要した。 **billion:** 10億	**imagine that:** 〜ということを想像する **in one's wildest dreams:**《think、imagine、expectなどと共に》少しでも **spread:** 広まり、普及

ドーシー&ストーン [Twitter 共同創業者]
「ユーザーが開発者の想像を超えていく」

CNN 最初のツイートから10億ツイートに達するまで3年かかったわけですが、今では1週間あれば10億個のツイートが投稿されます。ここまで広まることは多少なりとも想像しましたか。

ドーシー 本当に感服の至りですよ、ここまで速く、あっという間に、このサービスが人気になるなんて。しかも、その速さは毎年、いや、まさに毎日増していっているんですからね。ツイッターがどんなに魅力的か、どんなに素晴らしいか、僕たちは早いうちから分かっていたつもりですが、ユーザーがどんな使い方をするかは見当もつきませんでした。

extremely: 極めて、非常に **humbling:** 自分の至らなさを感じさせるような、人を謙虚な気持ちにさせるような	**velocity:** 速さ、速度 **take off:** 急上昇する、急激によくなる **go on:** 続く、継続する	**early on:** 早い段階で、早くから **engaging:** 魅力のある、人を引きつける **have no idea:** まったく分からない、見当もつかない

Dorsey & Stone: Magical Versatility

■ 最初は誰もがツイッターはくだらないと思った

CNN　When I wasn't on it, three months ago, I thought the whole thing was a total joke. I'll be honest with you: I thought it was a waste of time—just idiotic celebrities gossiping to each other about the most mundane parts of their lives. And it's fascinating to me to see people like Nick Kristof and Nic Robertson and others—you know, proper foreign correspondents—using Twitter often as a primary news source. And I now do; I get all my news via Twitter. Did you think that would happen? Did you realize how fundamental and important Twitter would become to news gathering and news reporting?

Stone　I don't think so. I mean, like...like Jack said, it m...was i...it was immediately engaging to us. And that was the really important thing—was that we were in love with this work. Initially, many people, just like you, thought this was, you know, primarily a useless tool. But as people be...as... You know, it's...it's [a] chicken-and-the-egg kind of thing, because as millions of people joined, it became about following your interests and figuring out...realizing that you could follow your friends, you could follow your family, you could follow what's...what breaking news is happening around the world.

the whole thing: すべてのこと、全部 **be a total joke:** まったく話にならない **be honest with:** 〜に正直に言う、打ち明ける **waste of time:** 時間の無駄、浪費 **idiotic:** ばかな、愚かな	**celebrity:** 有名人、著名人 **gossip:** ①人のうわさをする　②うわさ話 **mundane:** 日常の、ありきたりの **fascinating:** 魅惑的な、興味をそそる	**Nick Kristof:** ニック・クリストフ　▶ピューリッツァー賞を2度受賞した有名ジャーナリスト。 **Nic Robertson:** ニック・ロバートソン　▶CNNの海外特派員。 **proper:** きちんとした、まっとうな

ドーシー&ストーン［Twitter 共同創業者］
「ユーザーが開発者の想像を超えていく」

CNN　私は3カ月前はまだツイッターをやっていなかったんですが、そのときは、こんなもの話にならんと思っていたんですよ。正直に言いましょう。私は時間の無駄だと思っていました——バカなセレブたちが日常生活のつまらないうわさ話を交わし合っているだけじゃないか、とね。だから、好奇心をそそられたんです、ニック・クリストフとかニック・ロバートソンのような人たち——ほら、ちゃんとした海外特派員ですね——そういう人たちが最初の情報源としてツイッターをよく使っているのを見て。今は私もそのために使っています。情報は全部ツイッター経由で得ている。そんなことになると思っていましたか。ツイッターが取材や報道にとってここまで中心的で重要な役割を果たすようになると認識していましたか。

ストーン　まさか。つまり、その、ジャックが言ったように、僕たちはすぐツイッターに引きつけられた。それがすごく大事なことだったんですよ——このツイッターというツールにほれたってことがね。初めのうちは大勢が、あなたみたいに、こんなものは、ほら、ほとんど役に立たない道具だと思っていた。でも、そのうちみんなが……まあ、言ってみればニワトリが先か卵が先かって話です。何百万人もの人々が利用するにつれて、自分の関心を追うという使い方が生まれて、そこでみんな気づいたんです、友だちをフォローしたり、家族をフォローしたり、世界の最新ニュースをフォローしたりできるんだと。

---

foreign correspondent: 海外特派員	**fundamental:** 根本的な、重要な	**primarily:** 主に、基本的に
primary: 第一の、最初の	**news gathering:** ニュース集め、取材	**useless:** 役に立たない、無用の
news source: 情報源	**immediately:** すぐに、即座に	**chicken-and-egg:** ニワトリが先か卵が先かの
via: ～を通して、経由して	**be in love with:** ～が大好きである	**figure out:** ～を理解する、解明する
realize: ～を認識する、～に気づく	**initially:** 初めは、当初は	**breaking news:** 臨時ニュース、ニュース速報

Dorsey & Stone: Magical Versatility

■ユーザーがツイッターの新たな可能性を生み出す

CNN　But this is very interesting, you see. So the original premise was based around a short, inconsequential chirping from birds, which implies gossip, meaningless stuff—the kind of stuff I thought it was all about. When you hear what Nick Kristof just said, it's a completely different medium now. He...he's talking about exposing brutality by oppressive regimes in real time. And it seems to me that, although you may have got used to that idea, at the time you invented Twitter, you could never have imagined that. Could you?

Dorsey　No. And that's [the] amazing thing about it—is that it's a true utility that scales to whatever the users want to do with it. I actually update about what I'm having for breakfast, because, you know, 99.9999 percent of the world doesn't care, but my mom loves it. But then it can scale to a completely different context, a completely different part of the world, and to a completely different topic.

original: もともとの、最初の **premise:** 前提 **be based around:** 〜に基づいている **inconsequential:** 取るに足りない、重要でない **chirping:** (小鳥や昆虫の) さえずり	**imply:** 〜という意味を含む、〜を暗示する **meaningless:** 意味のない、無意味な **stuff:** (漠然とした) もの、こと **what Nick Kristof just said:** ニック・クリストフがさっき言っ	たこと　▶エジプトなど、中東で独裁政権による民衆への暴行についての情報を、現地にいる一般人や記者がTwitterで世界中に伝えることができることを指す。 **completely:** 完全に、まったく **medium:** メディア

ドーシー&ストーン [Twitter 共同創業者]
「ユーザーが開発者の想像を超えていく」

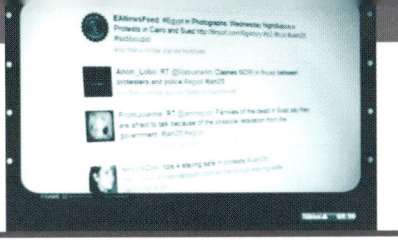

CNN しかし、なかなか興味深いじゃないですか。つまり、ツイッターはもともとはちょっとした短い小鳥のさえずりを前提に生まれた。それはとりもなおさずゴシップや他愛のない話ですよね——私が思い込んでいたように。ところが、(ジャーナリストの) ニック・クリストフのさっきの話を聞けば分かるように、ツイッターは今やまったく違うメディアになっています。圧政による暴力行為をリアルタイムで暴露したりするような話なんですからね。そういうふうに使われることにはあなた方はもう慣れたでしょうが、ツイッターを考案した当時は、ここまでのことは想像できなかったんじゃないかと思うわけですよ。どうです？

ドーシー 想像できなかったですね。でもそこがすごいところなんですよ——つまり、ユーザーのしたいことに合わせてスケールが変わるという高い利便性があるんです。現に僕は、朝食に何を食べているかを (ツイッターに) アップしている。まあ、世の中の99.9999%の人にとってはどうでもいいことですが、母が読みたがるものでね。でも、それがまったく違う文脈へ、まったく違う地域へ、まったく違う話題へと、スケールが広がる可能性もあるわけですよ。

---

expose:
〜を暴露する、あばく
brutality:
残虐行為、蛮行
oppressive:
圧政的な、強圧的な
regime:
支配体制、政権
get used to:
〜になじむ、慣れる

invent:
〜を発明する、考案する
amazing:
驚くべき、すごい
utility:
有用なもの、実用性のあるもの
scale to:
〜のスケールに合わせて変わる
actually:
実際に、本当に

update:
情報を更新する、アップデートする
care:
〜を気にかける、かまう
context:
文脈、事情
topic:
話題、テーマ

Dorsey & Stone: Magical Versatility

■ツイッターがセレブのあり方を変えた？

CNN   About the—I...I would call it the demystifying of the celebrity culture here... Because when you have celebrities revealing their every moment in real time—you know, their health problems, their this, their that, the other—there is a kind of change, isn't there, from the old-style star system, where there was a... Say, with Elizabeth Taylor, who died without people knowing very much about her—that was part of her magical appeal. Do you worry slightly that you're part of this crushing of all the mystique about fa...famous people, about stars?

Stone   Actually, early on, I didn't...I didn't think celebrities would...would want to use Twitter, because I...I thought...for exactly that reason, that part of their allure was that you couldn't...you couldn't get close to them, you couldn't find out what was going on in their world, and that was part of the reason why they were celebrities. But, you know, I think celebrities and politicians both realized the...the same sort of thing, and...and that is that th...they can have this kind of connection with their constituents and their fans that they wouldn't otherwise be able to have anywhere else. That became a powerful thing, so that...that turned around my opinion.

demystify: 〜の神秘性を取り除く **reveal:** 〜を明かす、公開する **this, that, the other:** あれやこれや、いろいろなこと **say:** たとえば、例を言うと	**Elizabeth Taylor:** エリザベス・テイラー ▶ハリウッドを代表する女優。2011年3月23日、うっ血性心不全のため入院していたロサンゼルス市内の病院で死去。1932年英国ロンドン生まれ。	**appeal:** 魅力 **worry that:** 〜であることを悩む、気にする **slightly:** 少し、若干 **crush:** 〜を粉砕する、押しつぶす

ドーシー&ストーン ［Twitter 共同創業者］
「ユーザーが開発者の想像を超えていく」

CNN 話題にしたいのは——ここではセレブ文化の神秘性はく奪とでも呼んでおきましょうか……。というのも、セレブが一瞬一瞬をリアルタイムで公表するようになると——ほら、健康問題だのなんだのかんだのを——その場合、昔ながらのスターのあり方とはちょっと変わってきますよね。昔なら……たとえばエリザベス・テイラーなどは、自分のことはあまり世間に知らせないまま亡くなりました——それが彼女の神秘的な魅力の一環だったわけです。ちょっと悩んだりしませんか、有名人やスターの神秘的雰囲気をすべて粉砕してしまうのに一枚かんでいることに？

ストーン 確かに、初めのうちは思ってもいませんでしたね、セレブがツイッターを使いたがるなんて。まさにおっしゃる通り、セレブの魅力のうちなんだと思っていましたから、近づきがたいってことそのものや、彼らの世界で何が起きているか僕らには知りようもないということがね。そして、それも含めて彼らはセレブだと思っていました。だけど、セレブも政治家も、同じようなことを悟ったんじゃないかな。つまり、有権者やファンとのこういうつながりはほかのところでは持てないけど、ツイッターでなら持てるんだって。それがすごい影響力を持つことになって、だから僕は意見を変えたんです。

---

mystique:
神秘的雰囲気、神秘性
famous:
有名な、高名な
exactly:
正確に、まさに
allure:
魅力、魅惑

get close to:
〜に近づく
be going on:
起こっている、生じている
politician:
政治家
connection with:
〜とのつながり、きずな

constituent:
選挙人、有権者
otherwise:
別の状況では、他の方法では
turn around:
（意見・態度などを）変える

Dorsey & Stone: Magical Versatility

■ツイッターを人に勧めるのによい方法とは？

CNN I think Twitter's whatever you want it to be. Isn't it?

Stone Well, you asked earlier… you asked, you know, what's a good way to recommend getting started to people for Twitter. And I always recommend using search first to, sort of, get your toes wet and see what people are saying about your field or things that you're interested in—following your interests, that sort of thing. And then, inevitably, what happens is you start following, you know, your favorite basketball players or something like this. And then, one day, you will have something you want to say back to…s…you'll have an opinion, and you'll want to…then you'll look for how to tweet. And so I think that's a natural way in.

| recommend:
〜を勧める、推奨する
get started:
始める、スタートする | search:
サーチ機能、検索機能
get one's feet/toes wet:
（新しいことを）始める、手始めにやってみる | field:
領域、分野
be interested in:
〜に興味がある、関心がある |

ドーシー&ストーン［Twitter 共同創業者］
「ユーザーが開発者の想像を超えていく」

CNN ツイッターは、ユーザーがどのようにでも使えるものですよね？

ストーン そうですね、さっきも聞かれましたけど、ほら、ツイッターを始めるように人に勧めるいい方法は何か、って。僕はいつもこう勧めるんです、ものは試しで、とにかく検索機能を使ってみて、自分の得意分野とか興味のあることについてみんながどんなことを言っているかチェックしてみろ、関心のあるネタをフォローしろ、みたいな感じで。そうすれば必然的に、たとえば、お気に入りのバスケットボール選手や何かをフォローし始めることになる。で、ある日、自分も何か言い返したくなってくる。何か意見を持つようになる。そうしたら、今度はツイートのやり方を調べることになる。まあ、こういう入り方が自然なんじゃないかと思いますね。

(2011年8月号掲載)（訳　安野玲）

---

inevitably:
必然的に、いや応なく
favorite:
好みの、お気に入りの

say back:
〜を言い返す、反論する
look for:
〜を探し求める

way in:
入り口、入り道

Jack Welch
Exciting Times

ジャック・ウェルチ［GE元CEO］
自信こそがすべてのカギである

巨大複合企業のゼネラル・エレクトリック社を業績不振からよみがえらせ、世界最強といわれる企業に育て上げたジャック・ウェルチ氏が、アメリカ経済再生に必要な人材、ビジネスの秘けつについて語る。「20世紀最高の経営者」による経営哲学とは？

【プロフィール】
1935年、マサチューセッツ州ピーボディ生まれ。1960年にイリノイ大学大学院で化学工学の博士号を取得し、同年、ゼネラル・エレクトリック社（GE）に入社。その後、33歳で同社の歴史上、最も若いゼネラル・マネージャーに昇進。1981年から2001年にかけて、GEの最高経営責任者を務め、強烈なリーダーシップを発揮。業績不振の同社を人員の大量解雇と不採算部門の整理統合でよみがえらせる。1999年にフォーチュン誌で「20世紀最高の経営者」に選ばれる。2001年にCEOを退任し、現在はマサチューセッツ工科大学などで教鞭を執る。

写真：ロイター／アフロ

Jack Welch: Exciting Times

■アメリカを一企業ととらえたときの再建策は？

CNN　What state do you think the economy is really in?

Welch　My view is we're muddling along. We're not going to double-dip in my...in my view; there's too much liquidity out there. But we don't really have a vision of where we're going.

CNN　The last time America was in a similar kind of position was, ironically, when you took over at G.E. in 1980; and then, the...the...the new beast in town was Japan. Your response to this, in turning G.E. into the biggest company in the world, was to get in there, to slash the dead wood. It was brutal, it was ruthless, and it was incredibly successful. Would that formula that you deployed then for G.E.—would that work for America as...if you loo...if you viewed it as a corporation?

Welch　Yeah. Ameri... If America had a strategy of being the m...a highly competitive, successful, winning enterprise, and you put everything through it, you wouldn't have this uncertainty.

---

state:
状態、状況
view:
見解、意見
muddle along:
どうにかこうにかやっていく
double-dip:
二番底　▶株価などが最初の安値からいったん上昇に転じた後、再び下降すること。

liquidity:
流動資産　▶現金および比較的短期間に換金可能な資産。
vision:
（将来への）展望、構想、見通し
similar:
似ている、同じような
ironically:
皮肉にも、皮肉なことに

take over:
（職務などを）引き継ぐ
G.E.:
= General Electric Company　ゼネラル・エレクトリック　▶米国の巨大複合企業。1892年創立。
in 1980:
▶実際にウェルチ氏がCEOに就任したのは1981年。

ジャック・ウェルチ [GE 元 CEO]
「自信こそがすべてのカギである」

CNN 経済は、実際のところ、どういう状況にあると思われますか。

ウェルチ 私の見るところでは、アメリカはどうにかこうにかやっていけています。二番底にはならないというのが私の見解です。かなりの流動資産がありますから。とはいえ、どういうところに向かっているのか見通しははっきりしないですね。

CNN 前回、アメリカが似たような状況に陥ったときは、皮肉なことにあなたがGEを引き継いだ1980年でした。そのとき、新たに現れた脅威は日本だった。それに対するあなたの対応は、GEを世界最大の企業にした対応でもあるわけですが、乗り込んでいって不要なものを徹底的に切り捨てることでした。残酷で非情なやり方でしたが、信じがたいほどの成果を上げました。当時GEで展開したこの方法ですが——これは（今の）アメリカにも効果があるでしょうか、アメリカを一企業としてとらえた場合？

ウェルチ ええ。高い競争力があり、成功して勝ち残る企業になるという戦略をアメリカが持つならば、そしてすべてをその戦略に基づいて決めるのであれば、これほど不安定にはならないでしょう。

---

beast in town: 街に現れたけだもの、襲いくる脅威	**dead wood:** 無用な人々・もの	**deploy:** 〜を展開する
response to: 〜への応答、対応	**brutal:** 冷酷な、残忍な	**competitive:** 競争力のある、競合できる
turn A into B: AをBに変える、AをBにする	**ruthless:** 非情な、無慈悲な	**enterprise:** 企業、会社
slash: 〜をさっと切る、大幅に削減する	**incredibly:** 信じられないほど、ものすごく	**put A through B:** AをB（審査など）にかける
	formula: （問題解決の）方式、方策	**uncertainty:** 不確実性、不安定性

Jack Welch: Exciting Times

■アメリカは大勢のスティーブ・ジョブズを必要としている

CNN You've cited Steve Jobs at Apple r...repeatedly as a great example of what you're talking about.

Welch Absolutely. He ha... He has done a remarkable job. Imagine: a guy who started Apple; they threw him out; Apple sunk; he goes to Pixar, creates another multibillion-dollar company; comes back to a reeling, broken Apple, and gets it back and—number one again. Think of it. That's what we need everywhere. We need...

CNN Why aren't there more Steve Jobses being created in America?

Welch That is a great question. There are many more than you think. America's management today is far superior to what it was wh...wh...when I was there. I run a course called "Two Days with Jack Welch" two...twice a year, and I br...I bring in 100 executives. And these guys run $500 million companies, billion-dollar companies—not huge companies. They're on fire. They're doing all kinds of stuff. They're creating jobs. I mean, we just need more job creators.

---

cite:
〜を引き合いに出す、〜に言及する
repeatedly:
繰り返して、たびたび
great example:
よい例、格好の例
absolutely:
(質問に対して)もちろん、そのとおり

remarkable:
優れた、並外れた
imagine:
〜を想像する、思い描く
guy:
男、やつ
throw...out:
…を追い出す、追放する
sink:
落ち込む、衰える

Pixar:
ピクサー ▶アップルを退社したジョブズがルーカスフィルムのコンピューター・アニメーション部門を買収し、コンピューター・グラフィックス制作用の高級ハードウェア会社としてスタートした。現在はウォルト・ディズニー・カンパニーの子会社となり、映像制作を専門に行っている。

ジャック・ウェルチ [GE 元 CEO]
「自信こそがすべてのカギである」

CNN アップル社のスティーブ・ジョブズ氏をたびたび引き合いに出していらっしゃいますね、あなたが言う（良い企業家の）格好の例として。

ウェルチ そりゃあそうです。彼は偉業を成し遂げたんですから。考えてみてください。彼はアップルを始めた。お払い箱になった。アップルは傾いた。彼はピクサーに行って、数十億ドル規模の会社を新たに築いた。ふらついてがたがたのアップルに復帰して、ナンバーワンに返り咲かせた。どうですか。これこそが必要なものなんですよ、どこであれね。アメリカに必要なのは……

CNN なぜアメリカではスティーブ・ジョブズがもっと大勢生まれないんでしょうか。

ウェルチ いい質問ですね。いや、あなたが考えるよりずっと大勢いるんですよ。現在のアメリカの経営者層は、私の時代よりもずっと優秀です。私は「ジャック・ウェルチとの2日間」という講座をやっていましてね、年に2度。企業幹部を100人受け入れるんです。その連中は5億ドル、10億ドル規模の会社を経営している──巨大企業ではないんですがね。みんな燃えています。いろんなことをやっていますよ。雇用を創出しているんです。要するに、アメリカには雇用を創出できる人間がもっと必要なんですよ。

multibillion-dollar: 数十億ドルの、数百億ドルの	**management:** 経営者側、経営陣	**executive:** 幹部、役員
reeling: ふらついている、よろめいている	**far:** はるかに、ずっと	**huge:** 大規模な、非常に大きな
broken: 衰弱した、打ちひしがれた	**be superior to:** ～より上である、優れている	**be on fire:** 興奮している、燃えている
get...back: …を回復させる、元に戻す	**run a course:** 講座を開設する、運営する	**stuff:** （漠然とした）もの、こと
create: ～を生み出す、つくり出す	**bring in:** ～を迎え入れる、入学させる	

Jack Welch: Exciting Times

■中国にはどう対処すべき？

CNN When you look at countries like China, India, Brazil and so on—these...these emerging superpowers, economic powerhouses—how should America deal with this threat, which they've never had to face before?

Welch They ought to talk about them. They ought to talk about how successful they are and what they're doing. I...I...I had a meeting on Friday where I... The theme of the meeting was, why are Brazilian managers so good? "Brazilian managers are so good," they said, "because they've been dealing with uncertainty for so long." Now, we're in an uncertain climate. We need more certainty.

CNN What is the right way to deal with China?

Welch Out-innovate them, which we can do, which we do all the time.

CNN Do they scare you or excite you, the Chinese?

Welch Excite me. They're huge! A billion, 300 million people. All I see are consumers. All I see here is opportunity.

---

look at:〜を見る、〜に目を向ける **and so on:**…など **emerging superpower:**新興大国、新興超大国	**economic powerhouse:**経済大国 **deal with:**〜に対応する、対処する **threat:**脅威、脅威となるもの	**face:**（困難・問題に）直面する **ought to do:**〜するべきである、〜する義務がある **theme:**テーマ、議題

ジャック・ウェルチ [GE 元 CEO]
「自信こそがすべてのカギである」

CNN　中国やインドやブラジルのような国がありますよね──新興大国で、経済的にも活気あふれる国ですが──アメリカは、かつて直面したことのないこういう脅威にどう対処すべきでしょうか。

ウェルチ　アメリカはそういう国について（もっと）議論しないとだめだね。彼らがどれだけ成功しているか、何をやっているか、そういうことを話さないと。金曜日に会議があったんですがね。会議の議題は、ブラジル人経営幹部はなぜ優秀か、でした。「ブラジル人経営幹部が非常に優秀なのは、長年にわたって不安定な状況に対処してきたからだ」という話が出た。今わが国の情勢も不安定です。もっと安定させないといけません。

CNN　中国にはどう対処するのがよいのでしょうか。
ウェルチ　彼らより優れた新商品や新サービスを生み出すことだね。できるはずですよ。ずっとやってきたことだから。
CNN　中国人が相手だと怖いですか。それとも、やる気が出ますか。
ウェルチ　やる気が出ますね。あの国は巨大だ！　人口13億ですよ。みんな消費者だ。チャンスだらけの国です。

---

uncertain: 不確実な、不安定な **climate:** 情勢、雰囲気 **out-innovate:** 革新性で〜を上まわる、〜よりも革新的になる	**scare:** 〜を怖がらせる、おびえさせる **excite:** 〜を興奮させる、刺激する	**consumer:** 消費者 **opportunity:** チャンス、機会

Jack Welch: Exciting Times

■誰と何をやるにしても、自信こそがカギになる

CNN　It seems to me that America collectively was so shaken by the financial crisis it sort of lost its…its confidence. And America's always been supremely confident; that's been the…the beauty of the place.

Welch　Love that comment, Piers. Self-confidence is the key to everything you do with all your people—from your mother's knee to good grades in school to playing sports, whatever it is.

CNN　What I liked about you was the simple philosophy that you brought to your business. I'll read you some of the famous things you came out with. "Creating great people will make a great company." "I want people who dream, and I want people who sweat." Are we getting enough of this ideology at the moment in America?

Welch　Yeah, I think we are. I think we're getting a lot of the latter. We are getting a lot of dreamers out there now in…in small companies starting up. And the recession, in many ways, Piers, created a lot of entrepreneurs.

---

collectively: 集団で、全体として **be shaken by:** 〜に衝撃を受けている、動揺している **financial crisis:** 金融危機、恐慌	**confidence:** 自信 **supremely:** 最高に、この上なく **confident:** 自信のある、自信に満ちた **the beauty of:** 〜の美点、長所	**comment:** 論評、意見 **Piers:** ▶CNNの質問者の名前。 **self-confidence:** 自信、うぬぼれ **one's mother's knee:** (幼いころの) 母のひざ元

ジャック・ウェルチ [GE 元 CEO]
「自信こそがすべてのカギである」

CNN 私には、アメリカ全体が金融危機であまりにも動揺していて、何というか、自信を失ってしまったように思えます。アメリカはいつでも自信たっぷりでしたよね。それがこの国の美点だったんですが。

ウェルチ 今のコメント、実にいいですね、ピアースさん。自信こそがカギだからね、誰と何をやるにしても——母のひざ元にいたころから、学校でいい成績を取るとか、スポーツをやるといったことに至るまで、何であれね。

CNN 私が気に入っていたのは、あなたがビジネスに持ち込んだシンプルな価値観です。よく読むんですよ、あなたのこんな名言の数々を。「偉大な人を作れば偉大な会社が生まれる」とか「欲しいのは夢見る人だ。汗を流す人だ」とかね。今のアメリカではこの価値観が十分行き渡っているんでしょうか。

ウェルチ ええ、十分行き渡っていると思います。特に後者の言葉を体現している人は多いと思う。夢見る人が大勢いますよ、小規模な新興企業には。この不景気こそが、いろいろな意味で、起業家をたくさん生み出したんですよ、ピアースさん。

---

grade:
成績、評価
simple philosophy:
単純な価値観、シンプルな哲学
come out with:
〜を公表する、発表する

sweat:
汗をかく、一生懸命に働く
ideology:
価値観、考え方
the latter:
（二者のうち）後者

recession:
景気後退、不況
in many ways:
いろいろな意味で、多くの点で
entrepreneur:
起業家

Jack Welch: **Exciting Times**

■ひとりひとりが特別な何かを持っている

CNN   Who's been to you the most inspirational over all the years, o...of all the businesspeople you've met?

Welch   Not one. And I think anybody who see...looks at one person as a...as a leader is wrong. Everyone has got something special. Everyone... You can learn from everybody. Finding a better way every day is what every person has to wake up doing.

inspirational: 刺激を与えてくれる、感動的な	businessperson: 実業家、経営者　▶複数形はbusinesspeople。	wrong: 誤った、間違っている

ジャック・ウェルチ [GE 元 CEO]
「自信こそがすべてのカギである」

CNN 今までで最も感銘を受けた人は誰ですか。あなたがお会いされた経営者の中で?

ウェルチ 1人ではないですね。特定の1人だけをリーダーと見なすのは間違っていると思います。ひとりひとりが特別な何かを持っている。ひとりひとりが……誰からだって学ぶことができるんです。日々、よりよい道を見つけること。朝目を覚ますたびに、誰もがそうしなくてはならないんです。

(2011年10月号掲載)(訳　安野玲)

---

have got:
＝ have

wake up doing:
〜しながら起きる、目を覚ますときに〜している

Eric Schmidt
Mobile Revolution

エリック・シュミット［グーグル前CEO］
アンドロイドとクラウドで革命を

「ググル」という用語が一般化するほど、日本でも定着しているインターネット検索サービスのグーグル。基本ソフト「アンドロイド」を搭載したスマホでシェアを拡大する中、シュミット氏はネット上にデータを保存する新しい技術「クラウド」の推進を提案する！

【プロフィール】
1955年、ワシントンD.C.生まれ。1976年にプリンストン大学で電気工学の理学博士号、1979年にカリフォルニア大学バークレー校で電気工学の修士号、1982年に計算機科学の博士号を取得。米サン・マイクロシステムズの最高技術責任者（CTO）や米ノベルのCEOなどを経て、2001年に米グーグルのCEOに就任。設立間もないグーグルをこの10年で世界的企業に成長させた。Google検索のコアである字句解析生成プログラムlexの開発者のひとり。2011年4月に退任し、現在は会長として対外的な活動に従事している。

写真：ロイター／アフロ

Eric Schmidt: Mobile Revolution

■グーグルの「しくじり」とは？

CNN　During a 75-minute Q&A session at the All Things Digital conference in Rancho Palos Verdes, you spoke about Facebook, and you said, quote, "I screwed up." What did you mean?

Schmidt　So the question was, "If you look back on your decade, what is the area where you made a mistake?" or what have you. And I think it's pretty clear that the Internet as a whole has not had a strong notion of identity. So we spend an awful lot of time trying to guess who you are. Plus, it's easy to have imposters, people can spam, and so forth and so on. But fundamentally, what Facebook has done is built a way for you to figure out who people are. That system is missing in the Internet as a whole. Google should have worked on this earlier. We now have a product called Google+, which is a partial answer to that.

mobile:《タイトル》携帯電話、携帯端末 **revolution:**《タイトル》革命、大変革 **session:** 活動、活動時間 **conference:** 会議、協議会 **quote:** 引用する、引用を始める	**screw up:** 失敗する、しくじる **look back on:** ～を振り返る、回想する **decade:** 10年間 **area:** 領域、分野 **make a mistake:** 失敗する、ミスをする	**or what have you:** …など、そういったもの **pretty:** かなり、相当 **as a whole:** 総じて、全体として **notion:** 考え、観念 **identity:** 身元、素性

エリック・シュミット [グーグル前CEO]
「アンドロイドとクラウドで革命を」

CNN ランチョ・パロス・ベルデスで開催された「オール・シングズ・デジタル」会議での75分間の質疑応答のとき、あなたはフェイスブックの話をされましたね。そして、こうおっしゃいました。引用しますが、「しくじった」と。どういう意味ですか。

シュミット 質問は、「この10年間を振り返ってみて、自分が失敗した分野は何ですか」といったものだったんですがね。これはかなり明らかなことだと思うんですが、インターネットは今までは、大体において個々人という概念が強く意識されないものだったんです。ですから、ネット上で相手が誰であるかを推測することに私たちは実に多くの時間を費やしています。しかも、身元を偽るのが容易だったり、スパムを送れたりするなどなど、いろいろあります。ところが、簡単に言えばフェイスブックは構築したんですよ、相手が誰だか分かる方法を。インターネット全体として、そういうシステムが欠けています。グーグルもこのことにもっと早く取り組むべきでした。今はわれわれにもグーグルプラスというサービスがあって、これがそれに対する部分的な回答なんです。

an awful lot of: 実にたくさんの、ものすごい量の **guess:** 〜を推測する、想像する **plus:** その上、さらに **imposter:** なりすましをする人、身分詐称者	**spam:** スパムを送る、迷惑メールを送る **and so forth and so on:** その他もろもろ、…など枚挙にいとまがない **fundamentally:** 根本的に、基本的に **figure out:** 〜を理解する、解明する	**missing:** 見当たらない、欠けている **work on:** 〜に取り組む、〜を検討する **Google＋:** グーグルプラス ▶2011年6月に発表されたグーグルのSNS。実名登録制になっている。 **partial:** 部分的な

Eric Schmidt: Mobile Revolution

■アジアでのアンドロイドのシェアはどうなる？

CNN The heart of your mobile strategy is Android. You have the dominant market share in the United States. Here in Asia, though, you've had extraordinary growth from 6 percent to 34 percent—not quite there yet. Is it just a matter of time, do you believe?

Schmidt   We think our model is a better model than our competitors', because our model creates more choices. Remember—in our case, we provide the software for free, and then the hardware partners compete on price, functionality, features, keyboard, no keyboard, or what have you. There are more than 400 such devices available today. It's growing very r...very dramatically. We're shipping more than 550,000 of these phones every day, and that number has been growing so quickly I've lost count of its growth rate.

heart: 中心、核心 **strategy:** 戦略 **Android:** アンドロイド ▶スマートフォンなどに搭載されているグーグルのOS（基本ソフト）のこと。 **dominant:** 支配的な、優勢な	**market share:** 市場占有率、マーケットシェア **extraordinary:** 並外れた、驚くべき **though:** しかしながら、そうはいうものの **growth:** 成長、伸び **not quite:** そこまでではない、今ひとつだ	**a matter of time:** 時間の問題 **model:** やり方、方式 **competitor:** 競合他社、ライバル企業 **create:** 〜を生み出す、つくり出す **choice:** 選択、選択肢

エリック・シュミット［グーグル前 CEO］
「アンドロイドとクラウドで革命を」

CNN　御社のモバイル戦略の中心はアンドロイドで、アメリカの市場では圧倒的シェアを獲得しています。ところが、ここアジアでは、6％から34％という驚くべき成長を誇りながらも、まだそれほどシェアは大きくありません。単に時間の問題だと思われますか。

シュミット　わが社の（ビジネス）モデルのほうが競合他社より優れていると思いますよ。われわれのモデルのほうがより多くの選択肢を提供しますからね。いいですか、わが社の場合、ソフトウエアを無償で提供して、それからハードウエアのビジネスパートナーたちが競い合うんです、価格、実用性、機能、キーボードがあるかないかといった面でね。現在、アンドロイド搭載のデバイスが400以上、市販されています。まさに飛躍的な成長ぶりですよ。出荷されるスマートフォンは毎日55万台以上にのぼります。その数はあまりにも速く増加していて、成長率が把握しきれないほどです。

case: 場合、事例 **provide:** 〜を提供する、供給する **for free:** 無料で、ただで **compete on:** 〜の面で競争する、競う **functionality:** 機能性、実用性	**feature:** 特徴、機能 **device:** 機器、端末装置 **available:** 入手できる、購入できる **dramatically:** 飛躍的に、いちじるしく	**ship:** 〜を出荷する **lose count of:** （数えているうちに）〜の数が分からなくなる、数え切れなくなる **growth rate:** 成長率、成長速度

Eric Schmidt: Mobile Revolution

■パソコンとモバイルは用途が違う

CNN　So does that mean the PC is dead?

Schmidt　Well, the PC will be used for things where you need to do a lot of typing, right? 'Cause it's hard to type on that glass screen. But for everything else, you're going to be using a mobile device. So, the PC, which, remember, grew out of the IBM desktop model—sitting in a corporation—makes perfect sense for somebody who sits at a desk all day. A lot of people don't.

CNN　Do you see citizenry pushing mobile forward, or do you see it the other way around?

Schmidt　Well, the...the revolution that is mobile has just begun. And all of these countries, especially in Asia, mobile penetration is very, very high and, in fact, growing even faster. And the new generation of phones are so much more capable. So we're going from a situation where the average citizen didn't have that much power to a point where they can know everything and they can organize very quickly. And that may bring down a government, as in the case of the Arab Spring, but it may also just challenge vested interests and so forth in a democracy.

PC:
＝personal computer　パソコン
dead:
死んだ、命運の尽きた
typing:
タイプ入力、文字入力
type:
キーボードで文字を入力する
glass screen:
ガラススクリーン　▶ここでは
モバイル機器のタッチパネルを指す。
everything else:
その他すべてのこと
grow out of:
〜から生じる、〜に起因する
IBM:
＝International Business Machines Corporation　IBM社
corporation:
企業、法人
make perfect sense:
完全に理にかなっている、うってつけである
citizenry:
《集合的》市民
push...forward:
…を推進する、推し進める

エリック・シュミット［グーグル前CEO］
「アンドロイドとクラウドで革命を」

CNN それはつまり、パソコンはもう駄目だということでしょうか。

シュミット というか、パソコンを使うのは、キーボードで大量の文字入力をする必要があるときですよね。あの手のタッチパネルで文字入力をするのは難しいですから。ですが、それ以外はすべてモバイル機器を使うことになるでしょう。つまりパソコンは、ほら、もともとの由来はIBMのデスクトップ型コンピューター――会社で座って使うもの――ですから、一日中デスクに向かっている人にとってはうってつけなんです。しかし、そうじゃない人も大勢います。

CNN 消費者がモバイル技術を進化させるとお考えですか。それとも、その反対だとお考えですか。

シュミット そうですね、モバイル革命はまだ始まったばかりですが、各国で、特にアジア諸国でのモバイル機器の普及率は極めて高くなっています。実際、伸びる一方ですよ。それに、新世代の電話は従来の電話より、はるかに性能が優れています。ですから、われわれは、一般市民にそれほど力がなかった状態から、何でも情報が得られる上に、非常にすばやく組織的に団結できる段階に移ろうとしているんです。それで政府が倒れることだってあるかもしれない。「アラブの春」のようにね。あるいは、（そこまでいかなくても）民主主義における既得権益などに抗議することもあるかもしれないのです。

---

the other way around: 逆に、反対に	**capable:** 有能な、機能豊富な	年にかけてアラブ諸国で発生した大規模な反政府民主化運動の総称。運動の拡大にはモバイル機器などが寄与したとされる。
especially: 特に、とりわけ	**average citizen:** 一般市民	
penetration: 普及率	**organize:** 組織化する、団結する	**challenge:** 〜に異議申し立てをする
in fact: 実際には、本当に	**bring down:** 〜を倒す、打倒する	**vested interest:** 既得権益
generation: 世代	**Arab Spring:** アラブの春　▶2010年から2011	**and so forth:** …など

Eric Schmidt: Mobile Revolution

■クラウド化を進めることが大切

CNN　What does, then, Google's role in the mobile-technology field...? Where do you see it going?

Schmidt　Well, we see ourselves as making information more valuable for everybody and getting that information literally to every human on the planet. In order to make that happen, you have to adopt what is known as cloud computing—which everybody's doing now—where all the data and all the applications are ca...carried somewhere in the network; and your device, it just comes to visit your network, you use it, and then it goes back. Everything's backed up; if you drop your device, you can just get another one—that kind of thing. It's a very, very pro-user model, and it works well.

CNN　A study caught my eye. It was a study that said that the way we google today—the way we use the Web—is actually reorganizing human memory. So, what is the future for Google, and will you one day drive my car?

Schmidt　Well, first place, we...we hope that your car'll be driven by a computer and you'll be watching it drive it perfectly. Because computers ultimately should drive cars better than humans do.

---

see oneself as:
〜であると自認する、自負する
valuable:
役立つ、有益な
literally:
文字どおりに
human:
人、人間
on the planet:
地球上で

in order to do:
〜するために
make...happen:
…を実現させる
adopt:
〜を採用する、導入する
cloud computing:
クラウドコンピューティング ▶ ネットに接続すれば、どの端末からアクセスしても、データやソフトを利用できるサービス。
application:
応用ソフトウエア、アプリ
carry:
〜を置いておく、保存しておく
pro-user:
ユーザー本位の、ユーザーにとって便利な
work well:
うまく機能する

エリック・シュミット［グーグル前 CEO］
「アンドロイドとクラウドで革命を」

CNN それでは、モバイル・テクノロジー分野でのグーグルの役割は何ですか。どこへ向かおうとしているとお考えですか。

シュミット そうですね、われわれとしては、情報をもっと誰にでも役立つ形にして、その情報を文字どおり、地球上のすべての人に届けようとしているのだと自負しています。それを実現するためには、いわゆる「クラウドコンピューティング」を導入しなくてはなりません——すでにみんな利用しているものですがね——あらゆるデータ、あらゆるアプリケーションが、インターネット上のどこかに置かれているわけです。各人のデバイスは単にネットにアクセスして、その中のデータやアプリを利用して、戻ってくるためのツールにすぎない。ですから、何にでもバックアップがとられているので、たとえデバイスを落として（壊して）も、また別のを買えば済む——そういうことです。クラウドは、ユーザーにとって非常に便利で機能的な仕組みです。

CNN ある研究が目に留まったんですが、その研究によると、現在のようなグーグル検索の仕方——ウェブの使い方——は、実際に人間の記憶の仕方に変化をもたらしているといいます。では、グーグルにとっての未来とは何ですか。そのうち車の運転もしてくれるようになるんでしょうか。

シュミット そうですね、まず、コンピューターが車を運転できるようになって、人間はその完ぺきな運転を見ているだけ、というふうになればいいですね。最終的にはコンピューターは人間よりうまく運転できるはずですから。

---

study:
研究　▶米コロンビア大学の研究チームが発表した研究を指す。グーグルなどの検索エンジンの普及により、人間の情報の記憶の仕方が変わってきている、という内容のもの。新しく学んだ事実をコンピューターに記録した場合、その事実を思い出す確率は下がるそうだ。ネットでいつでも確認できると思えば、学んで記憶する意欲が下がるという。

catch one's eye:
目に留まる、目につく

google:
グーグル検索する、ググる

reorganize:
〜を再編成する、組み立て直す

first place:
▶in the first place（そもそも、まず第一に）ということ。

driven by a computer:
▶グーグルは現在、人工知能を利用した自動運転カーを開発中。

perfectly:
完ぺきに

ultimately:
最終的に、結局

Track 54

Eric Schmidt: Mobile Revolution

■グーグルにはできなくて、人間だけにできることがある

CNN　So, reorganizing memory: Did that study surprise you, or that's just, you know, part of our adaptation to technology?

Schmidt　I would be skeptical about reorganizing anything involving human biology in a year. If you look at the rate at which evolution... Changes over literally thousands of years are considered fairly fast. We do know that people who use Google...people are using Google more and more in place of rote memorization. Because of the ubiquity of Goo...of Google, we know that, rather than sitting there and memorizing all of these things—which are, frankly, cluttering up their brain—it's more convenient for them to use Google to do that. So, in that sense, they're learning to search rather than to rote-memorize. But that doesn't take away from...The most important thing for a human is to learn conceptual thought, planning thought, strategic thought. These are not things that Google is going to do for you or...or me or anyone anytime soon.

---

surprise: ～を驚かす、びっくりさせる	**human biology:** ヒト生物学、人間生物学	**in place of:** ～の代わりに
adaptation: 順応、適応	**rate:** 割合、速度	**rote memorization:** 機械的暗記、丸暗記
be skeptical about: ～については懐疑的である、～に疑いを抱く	**evolution:** 進化	**ubiquity:** 普遍性、普及
involve: ～にかかわる、関係する	**be considered:** ～と見なされる、考えられる	**rather than:** ～よりむしろ
	fairly: かなり、相当	**sit there and do:** 腰を据えて～する

エリック・シュミット［グーグル前CEO］
「アンドロイドとクラウドで革命を」

CNN それで記憶の仕方の変化についてですが、研究結果には驚かれましたか。それとも、単に人間がテクノロジーに適応した一例なんでしょうか。

シュミット 人間の生理に関することをたった1年で変えられるかどうかは疑わしいところですね。進化の速度を見れば……文字どおり何千年もかかる変化でさえ、かなり速いと見なされるんですから。確かに、グーグルのユーザーは……丸暗記する代わりにグーグルを使う人はどんどん増えています。グーグルが普及したおかげで、腰を据えていろいろなことを暗記するよりも——あれははっきり言って頭の中がごちゃごちゃになりますよ——同じことをグーグルでやるほうが便利だと分かったんです。ですから、そういう意味で、ユーザーは丸暗記する代わりに検索テクニックを身につけているところなのです。しかし、だからといって重要性が低くなるわけではなくて……人間にとって何よりも大切なのは、概念的思考や構想的思考、戦略的思考を身につけることなんです。そういうことを、あなたの代わりであれ私の代わりであれ誰の代わりであれ、グーグルがやることは当分ないでしょうね。

(2011年12月号掲載)(訳　安野玲)

memorize: 〜を暗記する、記憶する **frankly:** 率直に言って、正直に言うと **clutter up:** 〜をぐじゃぐじゃにする、あふれさせる **convenient:** 便利な、重宝な	**learn to do:** 〜の仕方を学ぶ、習得する **rote-memorize:** 丸暗記する **take away from:** 〜の価値を落とす、価値を損なう **conceptual:** 概念の、概念的な	**thought:** 思考、思考力 **strategic:** 戦略的な **anytime soon:** 近いうちに、すぐにでも

■ ボキャブラリー・チェック

各ページの下に語注として取り上げた単語などのうち、主なものをまとめてあります。
その言葉が用いられているインタビューの文脈を思い出しながら覚えると、
語いのニュアンスや使い方も身につきます。

A

- [ ] **A as well as B:** A も B も、A のほかに B も P91
- [ ] **a bit of:** 少しの、ちょっとの P86
- [ ] **a bunch of:** たくさんの、かなりの P69
- [ ] **a couple of:** 2～3 の、少数の P80
- [ ] **a few:** 少しの、わずかな P32
- [ ] **a good amount of:** かなりの、相当の P87
- [ ] **a kind of:** ～のようなもの、一種の～ P66
- [ ] **a level of:** 一定レベルの、ある程度の P40
- [ ] **a little bit:** ほんの少し、ちょっとだけ P17, P67
- [ ] **a matter of choice:** ①選択可能なこと、選択の余地 ②選択の問題、好みの問題 P72
- [ ] **a matter of time:** 時間の問題 P124
- [ ] **A versus B:** A 対 B P65
- [ ] **ability to do:** ～する能力、才能 P12
- [ ] **above all:** 何よりも、とりわけ P10
- [ ] **Absolutely not.:** 《返事して》とんでもない、絶対に違う P76
- [ ] **absolutely:** ①絶対に、まったく ②（質問に対して）もちろん、そのとおり P50, P62, P112
- [ ] **academia:** 学問の世界、研究生活 P24
- [ ] **according to:** ～によると、～に従うと P74
- [ ] **achieve:** ～を成し遂げる、達成する P17, P41
- [ ] **acquire:** ～を取得する、買収する P9
- [ ] **across the board:** 全体にわたって、対象すべてに P40
- [ ] **active:** 活動的な、生き生きとした P78
- [ ] **actually:** ①実際に、本当に ②実は、実のところ P9, P60, P103
- [ ] **adaptation:** 順応、適応 P130
- [ ] **add:** ～を加える、追加する P79
- [ ] **adopt:** ～を採用する、導入する P128
- [ ] **advance:** 進歩、前進 P66
- [ ] **advertiser:** 広告主 P33
- [ ] **advertising:** 宣伝、広告 P33
- [ ] **affect:** ～に影響する P14
- [ ] **affordability:** 値ごろ感、手ごろな価格 P77
- [ ] **aggressive:** 強引な、攻めの P88
- [ ] **agile:** 機敏な、素早い P10
- [ ] **aim:** 目標、目的 P49
- [ ] **all the time:** 四六時中、始終 P60
- [ ] **all the way from A to B:** A から B まですべて P80
- [ ] **alliance:** 提携、同盟 P46
- [ ] **allure:** 魅力、魅惑 P105
- [ ] **along the way:** その途中で、ここに至るまでに P10
- [ ] **alter:** ～を変える、変更する P32
- [ ] **amazing:** 驚くべき、すごい P64, P103
- [ ] **an awful lot of:** 実にたくさんの、ものすごい量の P123
- [ ] **analytical:** 分析的な、解析的な P13
- [ ] **and so forth:** …など P127
- [ ] **and so forth and so on:** その他もろもろ、…など枚挙にいとまがない P123
- [ ] **and so on:** …など P114
- [ ] **and yet:** それなのに、それにもかかわらず P24
- [ ] **Android:** アンドロイド（スマートフォンなどに搭載されているグーグルの OS（基本ソフト）のこと）P124
- [ ] **any kind of:** あらゆる種類の P35
- [ ] **anymore:** もう、もはや P76
- [ ] **anytime soon:** 近いうちに、すぐにでも P131
- [ ] **appeal:** 魅力 P104
- [ ] **application:** 応用ソフトウエア、アプリ P65, P128
- [ ] **apply to:** ～に適用される、当てはめられる P38
- [ ] **appropriate:** 適切な、ふさわしい P62
- [ ] **area:** 領域、分野 P122
- [ ] **as a whole:** 総じて、全体として P122
- [ ] **as far as:** ～に関しては、～に関する限り P94
- [ ] **as well:** もまた、同様に P29, P63, P77, P95
- [ ] **asset:** 財産、資産 P35
- [ ] **at the end of the day:** 最終的には、結局のところ P47
- [ ] **at the same time:** それと同時に、それに加えて P85
- [ ] **at times:** ときどき、時には P40
- [ ] **attract:** ～を引き付ける、引き寄せる P27
- [ ] **attractive:** 魅力的な、人を引きつける P54
- [ ] **attribute:** （本来備えている）特質、特性 P56
- [ ] **audience:** 聴衆、観客 P36
- [ ] **authentic:** 本物の、偽りでない P40
- [ ] **available:** 入手できる、購入できる P125
- [ ] **average citizen:** 一般市民 P127

B

- [ ] **back in:** ～にさかのぼると、～の頃に戻ると P22
- [ ] **background:** 経歴、履歴 P24
- [ ] **balanced:** 均衡のとれた、偏りのない P78
- [ ] **basic:** 基本的な、基礎的な P56
- [ ] **be a total joke:** まったく話にならない P100
- [ ] **be allpwed to be:** ～であることを許される、認められる P62
- [ ] **be almost there:** あと一歩だ、もうすぐだ P87
- [ ] **be away from:** ～から離れている、遠い P26
- [ ] **be based around/on:** ～に基づいている P37, P102
- [ ] **be considered:** ～と見なされる、考えられる P130

- ☐ **be different than:** 〜と異なる、違う P33
- ☐ **be expected to do:** 〜するはずだ、〜する見通しである P8
- ☐ **be focused on:** 〜に集中している、〜のことばかり考えている P42
- ☐ **be going on:** 起こっている、生じている P105
- ☐ **be good at:** 〜が得意である、上手である P13
- ☐ **be heavy into:** 〜に熱中している（口語では heavy でも使われるが、文法的には heavily が正しい）P62
- ☐ **be honest with:** 〜に正直に言う、打ち明ける P100
- ☐ **be in love with:** 〜が大好きである P101
- ☐ **be interested in:** 〜に興味がある、関心がある P57, P106
- ☐ **be linked:** つながっている、関連がある P46
- ☐ **be linked to:** 〜とつながっている、関連がある P39
- ☐ **be much more of a:** むしろ〜である、どちらかというと〜だ P32
- ☐ **be on fire:** 興奮している、燃えている P113
- ☐ **be part of:** 〜に携わる、〜の一員である P35, P85
- ☐ **be scattered on:** 〜に散らばっている、散在している P48
- ☐ **be shaken by:** 〜に衝撃を受けている、動揺している P116
- ☐ **be skeptical about:** 〜については懐疑的である、〜に疑いを抱く P130
- ☐ **be something in A for B:** B にとって A で何かを得る P35
- ☐ **be superior to:** 〜より上である、優れている P113
- ☐ **be willing to do:** 〜することをいとわない、あえて〜する覚悟がある P41
- ☐ **beast in town:** 街に現れたけだもの、襲いくる脅威 P111
- ☐ **belief:** 信念、信条 P14
- ☐ **better not do:** 〜しない方がよい P15
- ☐ **big deal:** 一大事、大変なこと P67
- ☐ **big dog:** 大物、成功者 P73
- ☐ **billion:** 10 億 P98
- ☐ **billionth:** 10 億番目の P98
- ☐ **blend:** 混合、調和 P32
- ☐ **blue-collar worker:** 肉体労働者、ブルーカラー労働者 P39
- ☐ **board:** 役員会、取締役会 P9
- ☐ **born:** 生まれながらの、天性の P57
- ☐ **boundary:** 境界、境界線 P62, P85
- ☐ **breaking news:** 臨時ニュース、ニュース速報 P101
- ☐ **breakthrough:** 突破口、飛躍 P87
- ☐ **brilliance:** 輝かしさ、立派さ P11
- ☐ **brilliant:** 優秀な、優れた才能の P56, P66
- ☐ **bring down:** 〜を倒す、打倒する P127
- ☐ **bring in:** 〜を迎え入れる、入学させる P113
- ☐ **broken:** 衰弱した、打ちひしがれた P113
- ☐ **browse:** インターネットを閲覧する、ブラウズする P68
- ☐ **brutal:** 冷酷な、残忍な P111
- ☐ **brutality:** 残虐行為、蛮行 P103
- ☐ **bubble:** 実体のない好景気、バブル経済 P20
- ☐ **build:** 〜を構築する、築く P33
- ☐ **bursting:** 破裂、崩壊 P20
- ☐ **business:** 会社 P9
- ☐ **businessperson:** 実業家、経営者（複数形は businesspeople）P118
- ☐ **buy in:** 責任を引き受ける、自分のやるべきことを受け入れる P49
- ☐ **by far:** 群を抜いて、圧倒的に P29

C

- ☐ **call A B:** A を B と呼ぶ、称する P92
- ☐ **calmness:** 落ち着き、冷静さ P14
- ☐ **capable:** 有能な、機能豊富な P127
- ☐ **capacity:** 能力、才能 P56
- ☐ **capital spend:** =capital spending　設備投資、資本支出 P22
- ☐ **care:** 〜を気にかける、かまう P103
- ☐ **carry:** 〜を置いておく、保存しておく P128
- ☐ **case:** 場合、実例、事例 P32, P48, P66, P125
- ☐ **catch one's eye:** 目に留まる、目につく P29
- ☐ **catch up:** 追いつく、追い上げる P26
- ☐ **catch up with:** 〜に追いつく、〜を捕まえる P8
- ☐ **'cause:** = because P66
- ☐ **cautious:** 慎重な、用心深い P51
- ☐ **celebrity:** 有名人、著名人 P100
- ☐ **CEO:** =chief executive officer　最高経営責任者 P8
- ☐ **certainly:** 確実に、必ず P12, P35, P62
- ☐ **challenge:** 〜に異議申し立てをする P127
- ☐ **challenging:** 厳しい、難易度の高い P84
- ☐ **chicken-and-egg:** ニワトリが先か卵が先かの P101
- ☐ **childhood:** 子ども時代、幼少期 P39
- ☐ **chirping:** (小鳥や昆虫の) さえずり P102
- ☐ **choice:** 選択、選択肢 P77, P124
- ☐ **choose:** 〜を選ぶ、選択する P81
- ☐ **cite:** 〜を引き合いに出す、〜に言及する P112
- ☐ **citizenry:** 《集合的》市民 P126
- ☐ **classic:** 古典的な、昔ながらの P33
- ☐ **clear:** はっきりした、明快な P48
- ☐ **climate:** 情勢、雰囲気 P115
- ☐ **close:** (取引などが) まとまる、成立する P8
- ☐ **clutter up:** 〜をぐじゃぐじゃにする、あふれさせる P131
- ☐ **collectively:** 集団で、全体として P116
- ☐ **color:** 肌の色、人種 P39
- ☐ **come down to:** 〜に行き着く、〜に帰着する P23
- ☐ **come out with:** 〜を公表する、発表する P117
- ☐ **come under fire:** 攻撃される、非難を浴びる P22
- ☐ **comment:** 論評、意見 P116
- ☐ **commit to do:** 〜することを約束する、誓う P54
- ☐ **communicate:** 意思の疎通を図る、理解し合う P87

世界のトップ経営者に聞く！　133

■ボキャブラリー・チェック

- □ community: 地域社会 P43
- □ compared to: 〜に比べて、〜と比較すると P80
- □ compete: 競争する、張り合う P65
- □ compete against: 〜と競争する、張り合う P89
- □ compete on: 〜の面で競争する、競う P125
- □ competitive: 競争力のある、競合できる P26, P111
- □ competitor: 競合他社、ライバル企業 P124
- □ completely: 完全に、まったく P46, P102
- □ concept: (製品などの) 構想、コンセプト P52
- □ conceptual: 概念の、概念的な P131
- □ concrete: 具体的、現実的な P9
- □ conference: 会議、協議会 P122
- □ confidence: 自信 P116
- □ confident: 自信のある、自信に満ちた P116
- □ connect with: 〜とつながりを持つ、〜と気持ちが通じる P56
- □ connection with: 〜とのつながり、きずな P105
- □ consecutive: 連続した、継続的な P17, P74
- □ consider that: 〜だと考える、〜ということを考慮する P50
- □ constant: 絶え間のない、継続的な P23
- □ constituent: 選挙人、有権者 P105
- □ consumer brand: 消費者ブランド（消費者向けの製品を製造する企業）P33
- □ consumer market: 消費者市場 P92
- □ consumer: 消費者、P115
- □ context: 文脈、事情 P103
- □ convenient: 便利な、重宝な P131
- □ conversation: 会話、対談 P84
- □ core: 核心部、中核部 P25
- □ corporate client: 法人顧客 P91
- □ corporate culture: 企業文化、社風 P50
- □ corporate Japan: 日本株式会社、日本の産業界 P94
- □ corporation: 企業、法人 P126
- □ could've: =could have P24
- □ craft: 技能、技術 P57
- □ craftsmanship: 職人的技術、職人芸 P57
- □ create: 〜を生み出す、つくり出す P61, P113, P124
- □ credit...with doing: 〜したのは…の功績だと評価する、〜のおかげだと認める P8
- □ critical: 批判的な、非難の P22
- □ crush: 〜を粉砕する、押しつぶす P104
- □ curious: 好奇心の強い、知りたがりの P57
- □ current: 現在の、最新の P94
- □ customer: 顧客、取引先 P10, P81

D

- □ dead: 死んだ、命運の尽きた P126
- □ dead wood: 無用な人々・もの P111
- □ deal: 取引、契約 P8
- □ deal with: 〜に対応する、対処する P114
- □ debate: 議論、討論 P53

- □ decade: 10年間 P72, P122
- □ decide: 〜を決める、決定する P79
- □ deliver: 〜を生み出す、実現させる P55
- □ deliver A to B: AをBに届ける、供給する P37
- □ deliver on: 〜について期待に沿う P37
- □ demonstrate: 〜をはっきり示す、明らかにする P40
- □ demystify: 〜の神秘性を取り除く P104
- □ deploy: 〜を展開する P111
- □ deployment: (部隊などの) 配置、展開 P51
- □ depression: 不況、不景気 P20
- □ describe: 〜を述べる、表現する P78
- □ devalue: 〜の価値をおとしめる、〜の評価を低くする P39
- □ device: 機器、端末装置 P68, P125
- □ differently from: 〜とは違って、異なって P53
- □ dignity: 品位、尊厳 P35
- □ direction: 方向、方角 P111
- □ directly: 直接に、じかに P39
- □ discipline: 自制心、克己心 P13
- □ disconnected: 切り離された、つながりのない P46
- □ dispose of: 〜を売却する、処分する P8
- □ do a good job: うまくやり遂げる、うまくやる P78
- □ do one's way out of: 〜することで…を乗り切る、…から抜け出すために〜する P21
- □ do well: うまくいく、好結果を出す P65
- □ document: 文書、ドキュメントファイル P68
- □ dominant: 支配的な、優勢な P26, P124
- □ double-dip: 二番底（株価などが最初の安値からいったん上昇に転じた後、再び下降すること）P110
- □ down: 落ち込んでいる、下がった P74
- □ downside: マイナス面、欠点 P62
- □ downturn: (売上などの) 低下、悪化 P75
- □ dramatically: 飛躍的に、いちじるしく P125
- □ drive: 駆り立てるもの、意欲 P16
- □ drop in sales: 売上高の減少、落ち込み P74
- □ dumb: のろまな、頭の鈍い P11

E

- □ early on: 早い段階で、早くから P99
- □ economic powerhouse: 経済大国 P114
- □ economy: 経済、経済活動 P92
- □ edit: 〜を編集する P68
- □ educate: 〜を教育する、学ばせる P25
- □ educated: 教育を受けた、教養のある P38
- □ else: そのほかの、他の P80
- □ emerge: 出現する、台頭する P33
- □ emerging superpower: 新興大国、新興超大国 P114
- □ employee: 従業員、社員 P35, P86
- □ end user: 末端使用者、最終消費者 P91
- □ enduring: 永続的な、ゆるぐことのない P35
- □ engaging: 魅力のある、人を引きつける P99
- □ engineering school: 工学部、工学部大学院 P25

- □ enrich: ～を強化する、充実させる P52
- □ enterprise: 企業、会社 P111
- □ enthusiasm: 熱意、意気込み P41
- □ entrepreneur: 起業家 P117
- □ especially: 特に、とりわけ P127
- □ et cetera: ～など、その他いろいろ P52
- □ eventually: 結局、最終的に P49, P68
- □ everything else: その他すべてのこと P126
- □ evolution: 進化 P130
- □ exactly: 正確に、まさに P105
- □ exceed: ～を上回る、超える P34
- □ excite: ～を興奮させる、刺激する P115
- □ execute: ～を実行する、遂行する P13, P53
- □ execution: 実行、(実行結果としての)できばえ P51
- □ executive: 幹部、役員 P85, P113
- □ expand: ～を広げる、拡大する P78
- □ expectation: 予想、期待 P34
- □ expensive: 高価な、高い P36, P80
- □ experience: 経験、体験 P34
- □ experienced: 経験豊かな、熟練の P43
- □ experiential: 経験的な、経験に基づいた P34
- □ expert: 専門家、熟練者 P56
- □ expertise: 専門知識、専門的技術 P85
- □ export: ～を輸出する P91
- □ expose: ①～を人に見せる、公開する ②～を暴露する、あばく P61, P103
- □ extraordinary: 並外れた、驚くべき P124
- □ extreme: 極端な、行き過ぎの P88
- □ extremely: 極めて、非常に P99

F

- □ face: (困難・問題に) 直面する P114
- □ fact that: ～という事実 P38, P56, P75
- □ factual: 実際の、事実に基づいた P75
- □ fairly: かなり、相当 P14, P130
- □ fall out of favor with: ～のお気に入りでなくなる、～からの人気がなくなる P76
- □ famous: 有名な、高名な P105
- □ fan page: ファンページ (企業などがユーザーに向けて情報を発信するフェイスブック上の公式ページ) P60
- □ fantastic: 素晴らしい、すてきな P42
- □ far: はるかに、ずっと P8, P113
- □ fascinating: 魅惑的な、興味をそそる P100
- □ fashionable: 流行の、おしゃれな P36, P76
- □ favor: ～を気に入る、好む P81
- □ favorite: 好みの、お気に入りの P107
- □ feature: 特徴、機能 P125
- □ feel like: ～のような気がする、～になった感じがする P55
- □ field: 領域、分野 P26, P106
- □ figure: 数字 P74
- □ figure out: ～を理解する、解明する P101, P123
- □ final: 最終的な、決定的な P69
- □ final product: 最終製品 P91
- □ finally: 最後に P12
- □ finance: 金融、財政 P14
- □ financial crisis: 金融危機、恐慌 P116
- □ find one's way: 苦労して進む、道を模索しながら進む P63
- □ first of all: まず第一に、何より先に P74
- □ fit: ～に合う、適合する P79
- □ flexible: 柔軟な、臨機応変な P14, P47
- □ flow of: ～を流すこと、～の供給 P23
- □ follow: 後に続く、後ろについてくる P25, P95
- □ for free: 無料で、ただで P125
- □ for the future: 今後のために、将来的に P47
- □ foreign correspondent: 海外特派員 P101
- □ forever: 永遠に、ずっと P47
- □ forget: ～を忘れる、無視する P73
- □ formula: (問題解決の) 方式、方策 P111
- □ foundation: 財団、基金 P61
- □ fragile: 壊れやすい、もろい P35, P51
- □ franchised: フランチャイズ展開された、フランチャイズ契約の P73
- □ frankly: 率直に言って、正直に言うと P131
- □ friend: (フェイスブックの) フレンド、友達 P63
- □ from a...standpoint: …的観点からは、…の視点で考えると P27
- □ from the beginning: 最初から、当初から P50
- □ from time to time: 時々、時たま P47
- □ fully: 完全に、まったく P86
- □ functionality: 機能性、実用性 P125
- □ fundamental: ①根本的な、重要な ②基本、基礎 P56, P87, P101
- □ fundamentally: 根本的に、基本的に P123

G

- □ generation: 世代 P127
- □ get caught up in: ～に捕らわれる、～に夢中になる P11
- □ get close to: ～に近づく P105
- □ get confident: 自信を持つ P86
- □ get focused on: ～に集中する、～のことばかり考えるようになる P14
- □ get one's feet/toes wet: (新しいことを) 始める、手始めにやってみる P106
- □ get started: 始める、スタートする P106
- □ get the best out of: ～を最大限に活用する、～から最高のものを引き出す P56
- □ get the sense that: ～という感触を得る、～ということを感じ取る P76
- □ get there: 目標を達成する、成功する P88
- □ get to: ～に到達する、至る P68
- □ get to work: 仕事につく、仕事に取りかかる P25
- □ get used to: ～になじむ、慣れる P103
- □ get...back: …を回復させる、元に戻す P113

世界のトップ経営者に聞く! 135

■ボキャブラリー・チェック

- give a...meaning to: 〜に…な意味を与える、意味をもたせる P49
- global: 国際的な、世界的規模の P48, P84
- global competition: 国際競争 P89
- global recession: 世界的景気後退、世界同時不況 P72
- go full speed ahead: (船などが) 全速前進する、全速力で進む P21
- go on: 続く、継続する P99
- go through: 〜を通り抜ける、経験する P63
- goal: 目標、目的 P78, P88
- golden rule: 黄金律、金科玉条 P40
- google: グーグル検索する、ググる P129
- gossip: ①人のうわさをする ②うわさ話 P100
- grade: 成績、評価 P117
- graphics interface: = graphical user interface グラフィカルユーザーインターフェース (コンピューター使用時、情報の表示にグラフィックを多用して、基礎的操作の大部分をマウスによって行うことができるユーザーインターフェースのこと。略称 GUI) P67
- great example: よい例、格好の例 P112
- grow: 成長する、発展する P28
- grow out of: 〜から生じる、〜に起因する P126
- grow up: 成長する、育つ P38
- growing pains: (計画や目的を達成するための) 産みの苦しみ P86
- growth: 成長、伸び P75, P124
- growth rate: 成長率、成長速度 P125
- guess: 〜を推測する、想像する P123
- guest-count: 集客数の P76
- guy: 男、やつ P112

H

- hand A to B: A を B に渡す、任せる P53
- handicap: 〜を不利な立場に立たせる、〜に不利な条件を与える P56
- have a chat: おしゃべりをする、話をする P9
- have a tendency to do: 〜する傾向がある P15
- have got: = have P60, P119
- have no idea: まったく分からない、見当もつかない P99
- have some influence over: 〜に何らかの影響を及ぼす P195
- have...in place: …の準備ができている、…を用意している P23
- headquarter (s): 本社、本部 P84
- health concern: 健康の心配、健康問題 P72
- health-conscious: 健康に関心の高い、健康志向の P76
- health-consciousness: 健康に関心の高いこと、健康志向 P78
- heart: 中心、核心 P124
- hire: 〜を雇う、採用する P27
- hoard: 〜を蓄える、ため込む P22
- hold: (会議などを) 開く、開催する P86
- hold the key: カギを握る、カギとなる P84
- How come?: なぜ?、どうして? P46
- however: しかし、けれども P80
- huge: 大規模な、非常に大きな P64, P113
- human: 人、人間 P128
- human biology: ヒト生物学、人間生物学 P130
- humbling: 自分の至らなさを感じさせるような、人を謙虚な気持ちにさせるような P99

I

- I mean: つまり、要するに P77
- idea: 考え方、着想 P16, P80
- identify: 〜を識別する、見分ける P12
- identity: 身元、素性 P122
- ideology: 価値観、考え方 P117
- idiotic: ばかな、愚かな P100
- imagine: 〜を想像する、思い描く P112
- imagine that: 〜ということを想像する P98
- immediately: すぐに、即座に P101
- impact: 衝撃、影響 P20
- imply: 〜という意味を含む、〜を暗示する P102
- imposter: なりすましをする人、身分詐称者 P123
- in absolute terms: 絶対的には P94
- in fact: 実際には、本当には P22, P33, P127
- in many ways: いろいろな意味で、多くの点で P12, P117
- in one's wildest dreams: 《think、imagine、expect などと共に》少しでも P98
- in order to do: 〜するために P41, P47, P128
- in place of: 〜の代わりに P130
- in relative terms: 相対的には P94
- in someone's sight: 〜の見るところでは、〜の判断では P9
- in terms of: 〜に関して、〜の観点から P37
- in the end: 結局は、最終的には P9
- in the future: 将来は P93
- in the short run: 短期的には、短期間で P15
- including: 〜を含めて、〜などの P77
- inconsequential: 取るに足りない、重要でない P102
- incredible: 信じられないほどすごい、途方もない P65
- incredibly: 信じられないほど、ものすごく P9, P111
- industry: 産業、事業 P14, P47, P66
- inevitably: 必然的に、いやが応なく P107
- influence: 影響、影響力 P20
- initially: 初めは、当初は P101
- input: 入力装置、入力機能 P69
- inspirational: 刺激を与えてくれる、感動的な P118
- intensely: 熱心に、猛烈に P66
- international market: 国際市場 P73

- internationalize: 〜を国際化する P91
- internationally: 国際的に、国際間で P27
- introduce: 〜を導入する、取り入れる P81
- invent: 〜を発明する、考案する P103
- invest: 〜に投資する、金を使う P21
- involve: 〜にかかわる、関係する P130
- involved: 伴われている、かかわりのある P64
- ironically: 皮肉にも、皮肉なことに P110
- issue: 問題、論点 P63
- it happens that: 〜ということがたまたま起こる P46
- It takes A for B to do.: B が〜するのに A（時間など）を必要とする、A だけかかる P98
- it's all about: すべては〜の問題だ、重要なのは結局〜だ P20
- item: 品目、商品の種類 P79

J
- jealousy: 嫉妬（しっと）、やきもち P64
- joint: 共同の、合同の P66

K
- keep doing: 〜し続ける P68
- keep one's powder dry: 用意を怠らない、有事に備える P8
- keep up: 〜を保持する、維持する P21
- key: 重要な、主要な P12
- kind of: 多少、いくぶん P38, P66, P76, P84
- knowledge: 知識、情報 P85

L
- lab: = laboratory 研究所 P69
- lag: 弱まる、衰える P94
- layoff: 一時解雇、レイオフ P22
- lead: 〜を率いる、指揮する P12
- leadership: ①指導力 ②指導者層、経営者層 P46
- leadership role: 指導的役割、統率役 P25
- learn to do: 〜の仕方を学ぶ、習得する P131
- learning curve: 学習曲線、習熟度の変化 P25
- leave work: 仕事を終える、退社する P16
- legacy: 遺産、後に残すもの P28
- lieutenant: 副官、補佐官 P12
- lifeblood: 生き血、活力の元 P21
- lifestyle: 生活様式、生き方 P79
- light on the feet: フットワークが軽い、動きが素早い P14
- liquidity: 流動資産（現金および比較的短期間に換金可能な資産）P110
- literally: 文字どおりに P128
- little by little: 少しずつ、徐々に P55
- live with: 〜を受け入れて生きる、〜を抱えて生きる P29
- local: 地元の、国内の P89
- look at: 〜を見る、〜に目を向ける P74, P114
- look back: 振り返る、顧みる P17
- look back on: 〜を振り返る、回想する P34, P122
- look for: 〜を期待する、探し求める P12, P57, P69, P107
- look in: 〜をのぞき込む、調べる P23
- look like: 〜のように見える、思える P65
- lose count of: （数えているうちに）〜の数が分からなくなる、数え切れなくなる P125
- lose one's edge: 鋭さを失う、競争力を失う P26
- lose sight of: 〜を見失う、〜が分からなくなる P38
- loudly: 大声で、声高に P90
- low cost: 低価格の、安価な P67

M
- magical: 魔法のような、魅力的な P98
- mainly: 主に、主として P90
- mainstream: 主流、本流 P67
- make a change: 変更を加える、変化を起こす P77
- make a comment: 論評する、意見を述べる P22
- make a deal: 取引をする、契約を結ぶ P8
- make a mistake: 失敗する、ミスをする P122
- make A of B: B を A と思う、A だと判断する P68
- make a profit: 利益を上げる、もうけを出す P42
- make a transition to: 〜に移行する、転身する P24
- make headlines: 大ニュースになる、世間の注目を浴びる P84
- make...happen: …を引き起こす、実現させる P9, P128
- make it happen: 実現させる P86
- make money: 金を稼ぐ、もうける P42
- make perfect sense: 完全に理にかなっている、うってつけである P126
- make the point that: 〜であると主張する、強調する P34
- manage: 〜を経営する、管理する P46
- management: 経営陣、経営者側 P24, P113
- manager: 経営者 P10
- mantra: （繰り返しとなえる）お題目、スローガン P34
- manufacturing company: 製造会社、メーカー P91
- market: 市場 P15
- market share: 市場占有率、マーケットシェア P23, P124
- massive: 大規模な、大量の P22
- maybe: もしかしたら、多分 P28, P88
- meaningless: 意味のない、無意味な P102
- measure: 評価基準、評価方法 P23
- medium: メディア P102
- memorize: 〜を暗記する、記憶する P131
- merger: 合併、合同 P8
- might: 〜かもしれない、〜の可能性がある P75

■ボキャブラリー・チェック

- [ ] **mindset**: 考え方、ものの見方 P95
- [ ] **minor**: 小規模な、大したことのない P32
- [ ] **miss**: 〜を見逃す、見落とす P15
- [ ] **missing**: 見当たらない、欠けている P123
- [ ] **mobile**: 携帯電話、携帯端末 P122
- [ ] **model**: やり方、方式 P32, P124
- [ ] **modification**: 修正、変更 P32
- [ ] **momentum**: 勢い、推進力 P11
- [ ] **moniker**: 呼称、ユーザー名 P63
- [ ] **moral**: 道徳上の、倫理的な P38
- [ ] **more and more**: ますます、どんどん P86
- [ ] **most of**: 大部分の、大半の P87
- [ ] **move to**: 〜に移動する、移転する P27
- [ ] **muddle along**: どうにかこうにかやっていく P110
- [ ] **multibillion-dollar**: 数十億ドルの、数百億ドルの P8, P113
- [ ] **mundane**: 日常の、ありきたりの P100
- [ ] **mystique**: 神秘的雰囲気、神秘性 P105

N

- [ ] **narrate**: 〜を順序立てて述べる、物語る P61
- [ ] **nature**: 特質、本質 P91
- [ ] **need**: 必要、必要性 P91
- [ ] **negative**: 否定的な、反対の P22
- [ ] **news gathering**: ニュース集め、取材 P101
- [ ] **news source**: 情報源 P101
- [ ] **no matter what**: 何であろうと、どんなものであっても P16
- [ ] **not quite**: そこまでではない、今ひとつだ P68, P124
- [ ] **not quite understand**: 〜がどうもよく分からない P87
- [ ] **not yet**: まだ〜ない、今のところ〜ない P60
- [ ] **notice**: 〜に気づく P77
- [ ] **notion**: 考え、観念 P122

O

- [ ] **objective**: 目標、目的 P47
- [ ] **obvious**: 明らかな、疑う余地のない P93
- [ ] **obviously**: 明らかに、言うまでもなく P24, P46, P84
- [ ] **offering**: 提供されるもの、売り物 P80
- [ ] **official corporate language**: 社内公用語 P84
- [ ] **on the contrary**: それどころか、逆に P77
- [ ] **on the other side of the tracks**: 貧しい地区に、下流層に P38
- [ ] **on the planet**: 地球上で P128
- [ ] **one from the other**: お互いに、双方の間で P46
- [ ] **one's mother's knee**: (幼いころの) 母のひざ元 P116
- [ ] **one-size-fits-all**: フリーサイズ、万人向けの仕様 P32
- [ ] **on-the-job training**: 実地訓練、現場教育 P25
- [ ] **open A up to B**: A を B に開放する、B を A に受け入れる P36

- [ ] **operation**: 事業、業務 P27
- [ ] **opportunity**: 機会、チャンス P10, P115
- [ ] **oppressive**: 圧政的な、強圧的な P103
- [ ] **or what have you**: …など、そういったもの P122
- [ ] **organization**: 組織、機構 P47, P85
- [ ] **organize**: 組織化する、団結する P127
- [ ] **original**: もともとの、最初の P102
- [ ] **otherwise**: 別の状況では、他の方法では P105
- [ ] **ought to do**: 〜するべきである、〜する義務がある P22, P114
- [ ] **out there**: 世の中で、世間で P57
- [ ] **out-innovate**: 革新性で〜を上まわる、〜よりも革新的になる P115
- [ ] **outlet**: 販路、販売店 P74
- [ ] **overestimate**: 〜を過大評価する P15
- [ ] **overseas**: 海外へ P77

P

- [ ] **partial**: 部分的な P123
- [ ] **particular**: 特定の、特別な P52
- [ ] **passion**: 情熱 P24, P41
- [ ] **past**: 過去の、これまでの P74
- [ ] **patience**: 忍耐力、我慢強さ P13
- [ ] **pay attention to**: 〜に注意を払う、気を配る P51
- [ ] **pay for**: 〜の代金を支払う、代価を払う P81
- [ ] **PC**: = personal computer　パソコン P126
- [ ] **penetration**: 普及率 P127
- [ ] **perfectly**: 完璧に P129
- [ ] **perhaps**: 多分、もしかすると P73
- [ ] **period**: 期間、時期 P65
- [ ] **personally**: 個人的に、自分としては P54
- [ ] **pessimistic**: 悲観的な、悲観主義の P95
- [ ] **phase**: 段階、局面 P47
- [ ] **phenomenal**: 驚くべき、驚異的な P54
- [ ] **philosophy**: 哲学、基本的な考え方 P84
- [ ] **pinpoint to**: 〜を正確に指摘する、細かく挙げる P53
- [ ] **plus**: その上、さらに P123
- [ ] **politician**: 政治家 P105
- [ ] **potential**: 潜在能力、将来性 P56
- [ ] **pound**: 動物収容所、動物愛護センター P73
- [ ] **practice**: ①〜を練習する、実践する　②練習、実践 P57
- [ ] **premise**: 前提 P102
- [ ] **pretty**: かなり、相当 P14, P122
- [ ] **price point**: 買う気になる価格、商品が売れる価格 P81
- [ ] **pricing**: 価格設定、値付け P23
- [ ] **primarily**: 主に、基本的に P101
- [ ] **primary**: 第一の、最初の P101
- [ ] **priority**: 優先順位、優先事項 P49
- [ ] **probably**: 多分、おそらく P12, P20
- [ ] **process**: 過程、工程 P51

- □ **product:** 製品、商品 P21,P36, P69, P76
- □ **product-based:** 製品主体の P90
- □ **profitability:** 収益性、採算性 P42
- □ **profitable:** 収益性の高い、採算のとれる P43
- □ **proper:** きちんとした、まっとうな P100
- □ **pro-user:** ユーザー本位の、ユーザーにとって便利な P128
- □ **provide:** ～を提供する、供給する P91, P125
- □ **publicly:** 公然と、公的に P90
- □ **pull the trigger:** 引き金を引く、実行を決断する P13
- □ **purely:** 純粋に、無邪気に P42
- □ **purpose:** 目的、目標 P48
- □ **push:** ～を推し進める P89
- □ **push...forward:** …を推進する、推し進める P126
- □ **put A through B:** A を B (審査など) にかける P111
- □ **put together:** ～を考え合わせる、合計する P16
- □ **put...together:** …を一緒にする、ひとまとめにする P53
- □ **put up:** ～をネットに上げる、アップする P61

Q
- □ **quick:** 急な、せっかちな P88
- □ **quintessential:** 典型的な、純粋の P34
- □ **quite:** かなり、非常に P33
- □ **quite a lot:** ずいぶんたくさん、かなりの量 P17
- □ **quote:** ①引用、引用文　②引用する、引用を始める P90, P122

R
- □ **R&D:** = research and development　研究開発 P21
- □ **radically:** 根本的に、徹底的に P32
- □ **rate:** 割合、比率 P130
- □ **rather than:** ～よりむしろ P130
- □ **reaction to:** ～に対する反応 P64
- □ **realize:** ～を認識する、～に気づく P101
- □ **really trully:** 本当に本当に P85
- □ **reasonably:** 適度に、相応に P87
- □ **rebound:** 回復する、立ち直る P22
- □ **recession:** 景気後退、不況 P21, P117
- □ **recommend:** ～を勧める、推奨する P106
- □ **reeling:** ふらついている、よろめいている P113
- □ **regardless of:** ～にかかわらず P20
- □ **regime:** 支配体制、政権 P103
- □ **religion:** 宗教 P38
- □ **remarkable:** 優れた、並外れた P112
- □ **reorganize:** ～を再編成する、組み立て直す P129
- □ **repeatedly:** 繰り返して、たびたび P112
- □ **represent:** ～を表す、示す P77
- □ **research:** 研究、調査 P26
- □ **reside:** 住む、居住する P27
- □ **respect:** 尊敬、敬意 P34
- □ **respected:** 尊敬される、評判のよい P39

- □ **response to:** ～への応答、対応 P111
- □ **result:** 結果、成果 P55
- □ **reveal:** ～を明かす、公開する P104
- □ **revenue:** 収益、収入 P23
- □ **revolution:** 革命、大変革 P67, P122
- □ **risk:** 危険、危険性 P13
- □ **room:** 余地、可能性 P65
- □ **rote memorization:** 機械的暗記、丸暗記 P130
- □ **rote-memorize:** 丸暗記する P131
- □ **ruble:** ルーブル (ロシアの通貨単位) P80
- □ **run a course:** 講座を開設する、運営する P113
- □ **run of:** ～の連続、続けての～ P64
- □ **rush:** 急ぐ、急いで行動する P15
- □ **ruthless:** 非情な、無慈悲な P111

S
- □ **sacrifice:** 犠牲 P41
- □ **sales:** 販売活動 P90
- □ **same-store sales:** 同一店舗売上高、既存店売上高 P75
- □ **say:** たとえば、例を言うと P15, P104
- □ **say back:** ～を言い返す、反論する P107
- □ **scale to:** ～のスケールに合わせて変わる P103
- □ **scare:** ～を怖がらせる、おびえさせる P115
- □ **scenario:** 筋書き、シナリオ P52
- □ **screw up:** 失敗する、しくじる P122
- □ **search:** サーチ機能、検索機能 P106
- □ **see oneself as:** ～であると自認する、自負する P128
- □ **select:** ～を選択する、選ぶ P52
- □ **self-confidence:** 自信、うぬぼれ P116
- □ **self-esteem:** 自尊心 P39
- □ **self-improvement:** 自己改善、自己啓発 P16
- □ **semiconductor:** 半導体、セミコンダクター P28
- □ **sense:** 感覚、判断能力 P15
- □ **sense (that):** ～だということに感づく、～だということを感じ取る P78
- □ **session:** 活動、活動時間 P122
- □ **share:** ～を共有する、分かち合う P85
- □ **share A with B:** A を B と分かち合う、A を B に伝える P41, P62
- □ **ship:** ～を出荷する P125
- □ **show up:** 現れる、出現する P55
- □ **significant:** 大幅な、かなりの P77
- □ **significantly:** 大いに、著しく P37
- □ **similar:** 似ている、同じような P110
- □ **similarity:** 類似性、相似性 P50
- □ **simple philosophy:** 単純な価値観、シンプルな哲学 P117
- □ **sink:** 落ち込む、衰える P112
- □ **sit down and do:** 腰を落ち着けて～する、じっくり～する P9
- □ **sit down with:** ～と話し合う、～とひざを交える

■ボキャブラリー・チェック

P73
- sit there and do: 腰を据えて〜する P130
- slash: 〜をさっと切る、大幅に削減する P111
- slightly: 少し、若干 P104
- slow down: 停滞する P94
- smart: 賢い、利口な P43, P56
- so that: それゆえ、だから P79
- soft touch: 物腰のやわらかさ P12
- solution: 解決策、解決法 P69
- sort of: 多少、いくぶん P11, P32
- sound: 〜に聞こえる、〜だと思える P9
- source: 供給源、提供元 P26
- spam: スパムを送る、迷惑メールを送る P123
- spar with: 〜と口論する、論争する P66
- speak of: 〜のことを話す、〜について語る P46
- speaking of: 〜といえば P64
- specialized: 特化された、専用の P68
- specific: 具体的な、詳細な P33
- spend money on: 〜に金を使う、投資する P33
- spend...doing: …（時間など）を〜して過ごす、〜するのに…を費やす P87
- spend time doing: 〜して過ごす、〜することに時間を費やす P52
- spread: 広まり、普及 P98
- spur...on: …を刺激する、励ます P66
- state: ①〜を公言する、明言する ②状態、状況 P75, P94, P110
- stay in: 〜にとどまる、ずっといる P24
- stay in touch with: 〜と絶えず連絡を取り合う、〜と交流し続ける P60
- steal: 〜を盗む、奪う P23
- steer: 〜のかじを取る、〜を操縦する P20
- step back: 一歩離れて見る、客観的に見る P13
- strategic: 戦略的な P9, P131
- strategy: 戦略 P48, P91, P124
- stream: 流れ、連続的な活動 P21
- strength: 強み、長所 P14, P53, P66
- strive to be: 〜であろうと努力する P8
- stuff: （漠然とした）もの、こと P60, P102, P113
- stupid: ばかな、愚かな P90
- successful: 成功を収めた、成功している P23, P54, P65, P91
- super: とても、ものすごく P62
- supremely: 最高に、この上なく P116
- surprise: 〜を驚かす、びっくりさせる P61, P130
- surround: 〜を囲む、取り囲む P57
- surround oneself with: 〜に囲まれる、〜の中に身を置く P43
- survive: ①生き延びる、存続する ②〜を乗り切る、切り抜ける P65, P72
- sweat: 汗をかく、一生懸命に働く P117

T
- take a bite: 一口かじる、一口食べる P72
- take A to B: A を B に持っていく、持ち込む P68
- take a trip: 旅行する P61
- take away from: 〜の価値を落とす、価値を損なう P131
- take notes: ノートを取る、メモを取る P69
- take off: 急上昇する、急激によくなる P99
- take on: 〜を引き受ける、担う P13
- take over: （職務などを）引き継ぐ P110
- talent: ①才能、素質 ②才能のある人たち、優秀な人材 P12, P27
- tech: =technology 科学技術、テクノロジー P20
- technology: 科学技術、テクノロジー P49
- than: 〜と比べて、〜よりも P20
- that way: そのように、そんなふうに P92
- that's why: それだから〜である、〜なのはそういうわけだ P57
- the beauty of: 〜の美点、長所 P116
- the best and the brightest: 最も優秀な人材 P27
- the latter: （二者のうち）後者 P117
- the other way around: 逆に、反対に P127
- the premium: 高級なもの、割高なもの P36
- the rest: 残り、そのほか P25
- the vast majority of: 〜の圧倒的多数、〜の大半 P57
- the whole thing: すべてのこと、全部 P100
- theme: テーマ、議題 P114
- think through: 〜をじっくり考える、熟慮する P63
- this, that, the other: あれやこれや、いろいろなこと P104
- though: しかしながら、そうはいうものの P22, P76, P124
- thought: 思考、思考力 P12, P131
- threat: 脅威、脅威となるもの P114
- throw...out: …を追い出す、追放する P112
- time frame: 時間枠 P22
- to some extent: ある程度までは、いくらかは P9
- tool: 道具、手段 P47
- topic: 話題、テーマ P103
- totally: まったく、何から何まで P90
- touch off: （怒り・事件などを）引き起こす、誘発する P90
- touch on: 〜について触れる、〜に関連する P50
- tough: 困難な、難しい P13, P22, P46
- trade: 取引する、買い物をする P76
- traditional: 伝統的な、従来式の P33
- transfer: 〜を展開する P77
- transparent: 透明な、隠し事のない P40
- treat: 〜を扱う、処遇する P34
- trend: 傾向、すう勢 P26
- true: 忠実な、誠実な P40
- trust: 信頼、信用 P35

- [ ] **turn A into B:** AをBに変える、AをBにする P111
- [ ] **turn around:** (意見・態度などを)変える P105
- [ ] **turn...around:** …を立て直す、好転させる P8, P54, P74
- [ ] **tweet:** ツイート、つぶやき P98
- [ ] **type:** キーボードで文字を入力する P126
- [ ] **typing:** タイプ入力、文字入力 P126

U

- [ ] **ubiquity:** 普遍性、普及 P130
- [ ] **ultimate:** 究極の、最高の P69
- [ ] **ultimately:** 最終的に、結局 P23, P129
- [ ] **unbridled:** 抑えられない、抑制のきかない P41
- [ ] **uncertain:** 不確実な、不安定な P115
- [ ] **uncertainty:** 不確実性、不安定性 P111
- [ ] **under pressure:** 圧力を受けて、プレッシャーの下で P14
- [ ] **underestimate:** 〜を過小評価する P15
- [ ] **unless:** 〜でない限り、もし〜でなければ P23, P34
- [ ] **up there:** あそこに、あそこで P60
- [ ] **update:** 情報を更新する、アップデートする P103
- [ ] **ups and downs:** 浮き沈み、栄枯盛衰 P64
- [ ] **used to do:** よく〜したものだ、かつては〜していた P93
- [ ] **useless:** 役に立たない、無用の P101
- [ ] **utility:** 有用なもの、実用性のあるもの P103

V

- [ ] **valuable:** 役立つ、有益な P128
- [ ] **value:** ①価値 ②買い得、買い得品 ③〜を評価する P37, P47, P77
- [ ] **valued:** 価値のある、評価の高い P39
- [ ] **value-offering:** お買得商品の、お得な提供価の P81
- [ ] **velocity:** 速さ、速度 P99

- [ ] **versatility:** 融通性、多用途性 P98
- [ ] **vested interest:** 既得権益 P127
- [ ] **via:** 〜を通して、経由して P101
- [ ] **view:** 見解、意見 P110
- [ ] **vision:** (将来への)展望、構想、見通し P67, P110
- [ ] **visit:** 訪問 P77
- [ ] **vulnerability:** 弱さ、もろさ P40

W

- [ ] **wake up doing:** 〜しながら起きる、目を覚ますときに〜している P119
- [ ] **waste of time:** 時間の無駄、浪費 P100
- [ ] **watch for:** 〜を注意して見る、よく観察する P57
- [ ] **wave:** 波 P15
- [ ] **way in:** 入り口、入り道 P107
- [ ] **way out:** (困難などからの)脱出方法、(問題などの)解決方法 P21
- [ ] **weakness:** 弱点、短所 P14, P53
- [ ] **What do you say to...?:** …をどう思うか。 P90
- [ ] **What if...?:** もし…だったらどうなるか P52
- [ ] **when it comes to:** 〜のことになると、〜に関して言えば P26
- [ ] **wherever:** どこに〜しようとも P27
- [ ] **whether or not:** 〜かどうか P35
- [ ] **window:** 好機、チャンス P95
- [ ] **winner:** 勝者、成功者 P55
- [ ] **work on:** 〜に取り組む、〜を検討する P69, P123
- [ ] **work well:** うまく機能する P129
- [ ] **workforce:** 労働力、全従業員 P48, P90
- [ ] **worldwide:** 世界的な、世界規模の P20
- [ ] **worry that:** 〜であることを悩む、気にする P104
- [ ] **would love to do:** ぜひとも〜したい P68
- [ ] **wow:** うわ、あらまあ P17
- [ ] **wrong:** ①誤った、間違っている ②間違って、誤って P10, P118

電子書籍版（PDF）の入手方法

本書のご購入者は、下記 URL から申請していただければ、本書の電子書籍版（PDF）を無料でダウンロードすることができるようになります。PDF ファイルが開けるタイプのポータブルオーディオプレーヤーやスマートフォンに音声データとともに入れておけば、外出先に本を持ち歩かなくても内容を文字で確認することができて便利です。

申請サイト URL

http://www.asahipress.com/vwbi/

【注意】
- PDF は本書の紙面を画像化したものです。電子書籍版に音声データは含まれません。音声データは本書付録の CD をご利用ください。
- 本書初版第 1 刷の刊行日（2012 年 3 月 10 日）より 1 年を経過した後は、告知なしに上記申請サイトを削除したり電子書籍版（PDF）の配布をとりやめたりする場合があります。あらかじめご了承ください。

［生声 CD ＆電子書籍版付き］
CNN リスニング・ライブラリー
世界のトップ経営者に聞く！

2012 年 3 月 10 日　初版第 1 刷発行
2017 年 3 月 20 日　　　第 2 刷発行

編　集	『CNN English Express』編集部
発行者	原　雅久
発行所	株式会社 朝日出版社
	〒 101-0065 東京都千代田区西神田 3-3-5
	TEL: 03-3263-3321　FAX: 03-5226-9599
	郵便振替 00140-2-46008
	http://www.asahipress.com（PC）http://asahipress.jp（ケータイ）
	http://twitter.com/asahipress_com（ツイッター）
印刷・製本	凸版印刷株式会社
DTP	有限会社 ファースト
音声編集	ELEC（財団法人 英語教育協議会）
装　丁	岡本 健 ＋ 阿部太一（岡本健 +）

ⓒ Asahi Press, 2012 All rights reserved. Printed in Japan　ISBN978-4-255-00635-2 C0082

CNN name, logo and all associated elements TM and ⓒ 2012 Cable News Network. A TimeWarner Company. All rights reserved.

時代の最先端を伝えるCNNで最新の英語をキャッチ!

ちょっと手ごわい、でも効果絶大!

CNN ENGLISH EXPRESS

CNNライブ収録CD付き　毎月6日発売　定価1,240円(税込)

定期購読をお申し込みの方には
本誌1号分無料ほか、特典多数。
詳しくは下記ホームページへ。

英語が楽しく続けられる!

重大事件から日常のおもしろネタ、
スターや著名人のインタビューなど、
CNNの多彩なニュースを
生の音声とともにお届けします。
3段階ステップアップ方式で
初めて学習する方も安心。
どなたでも楽しく続けられて
実践的な英語力が身につきます。

資格試験の強い味方!

ニュース英語に慣れれば、TOEIC®テストや英検のリスニング問題も楽に聞き取れるようになります。

CNN ENGLISH EXPRESS ホームページ

英語学習に役立つコンテンツが満載!

[本誌のホームページ] http://ee.asahipress.com/
[編集部のTwitter] http://twitter.com/asahipress_ee

朝日出版社 〒101-0065 東京都千代田区西神田 3-3-5 TEL 03-3263-3321